COL

FRIEDRICH NIETZSCHE

# Poèmes
1858 - 1888
# Fragments poétiques
*suivis des*
# Dithyrambes pour Dionysos

*Présentation et traduction
de Michel Haar*

GALLIMARD

© *Éditions Gallimard, 1997.*

# NIETZSCHE ET LA POÉSIE

*Nietzsche n'a composé qu'un seul recueil de poèmes : les* Dionysos-Dithyramben, Dithyrambes pour Dionysos. *Le dieu personnel du philosophe-poète est, en effet, à la fois celui à qui les Dithyrambes sont dédiés, et celui qui, parfois, se les chante. Cet ultime recueil était achevé, prêt à l'impression, fin 1889, mais ne parut que deux ans plus tard, car le compositeur était passé entre-temps hors du monde.*

*Mais cet ultime projet n'est lui-même qu'un moment, la fixation par la mort, en destin d'un long itinéraire d'au moins trente ans. Car Nietzsche commença, bien avant même d'entrer comme écolier à Pforta, d'écrire des poèmes que sa mère — qui fut sa première dédicataire*[1] *— conserva*

---

1. Dans sa première autobiographie, datée d'août 1858, Nietzsche parlant, à 14 ans (!) de sa « troisième période poétique » qui vise, dit-il, à « unir la grâce et la vigueur », en date le commencement du *2 février 1858*, « jour de l'anniversaire de ma mère chérie » : « J'avais l'habitude de lui remettre à cette occasion un petit recueil de poèmes. » Pour y parvenir il s'efforça d'abord *« autant que possible de composer un poème chaque soir »*. Mais il dut bien vite renoncer à cette écriture rapide, pour ne pas y sacrifier la hauteur de la pensée et livrer seulement des idées confuses, bien éloignées du « modèle de pensée riche, claire et profonde » que constituent pour lui, dit-il, les poésies de Goethe. Cf. *Écrits autobiographiques, 1856-1869*, trad. et notes par Marc Crépon, P.U.F., 1994, p. 38-39.

*pieusement. Les écrits posthumes sont constellés de poèmes, de proses poétiques et de très nombreux fragments inclassables qui témoignent chez lui du souci persévérant d'une écriture tout à fait distincte de la prose philosophique discursive. Cette écriture nouvelle ne coïncide ni avec la poésie traditionnelle, sa métrique et sa versification (sinon tout au début), ni avec la relative sécheresse de la sentence ou de l'aphorisme. De l'une, elle garde la densité, le raccourci ou la* condensation ; *elle est* Dichtung, *au sens étymologique de l'un des mots allemands pour* poésie : *condensation ou densification. Ce condensé de langue est la marque d'une écriture plus monstrative que démonstrative ou descriptive, et traduit une « haute tonalité musicale »,* eine hohe musikalische Stimmung, *avec ses mélodies de joie, de mélancolie ou de pure sérénité contemplative. De l'autre, s'éloignant de la musicalité, voire de l'harmonie, elle atteint la fulguration sculpturale et la quasi-éternité propre à l'écriture aphoristique : « L'aphorisme, la sentence, lit-on dans* Ecce homo, *sont les formes de l'éternité. »*

*Dans l'ensemble qu'on va lire, trois « époques » se détachent nettement, tant par leur séparation dans la vie de Nietzsche que par leur atmosphère très particulière. Notons deux césures ou ruptures, d'inégale longueur, dans ce qu'on appelle* l'inspiration : *la première entre la* Naissance de la tragédie *et la genèse du* Zarathoustra, *soit de 1871 à 1884 ; la seconde entre ce vaste poème et la dernière année de création, soit de 1885 à la fin de 1887.*

*Les* Poèmes de jeunesse *(1858-1871) sont très proches du romantisme, de forme tout à fait traditionnelle, c'est-à-dire en vers. Ils sont très inégaux, parfois bouleversants de dépouillement et de douloureuse simplicité, parfois décevants soit à cause de l'enflure rhétorique, soit par leur sentimenta-*

*lité conventionnelle (surtout quand il s'agit d'un christianisme édulcoré*[1] *ou d'un patriotisme également fade). Leur tonalité dominante est celle d'une mélancolie accablante souvent lourde, voire obsédante (autour de la mort du père et de la perte du pays natal, ou de la «patrie*[2] *»,* Heimat*), mais la génialité affleure ou perce, tantôt dans des accents d'une délicate et quasi* hölderlinienne *gravité (Hölderlin est son «poète préféré», dit-il, à cette époque), tantôt dans la puissante simplification des lignes principales (qu'elles soient sombres ou plus heureuses) et dans un* expressionnisme *avant la lettre, et qui annonce celui d'un Trakl : ce sont des paysages d'automne fantasmagoriques ou des nuits fantomales, des forêts lumineuses ou des hauteurs habitées de spectres, bienveillants ou malveillants, des ciels d'orage tressaillant, sous d'épais nuages, de lointains éclairs.*

Noyées de nuit, blêmes, les figures du brouillard tremblent,
vers la tombe, vers la fosse…

Une béatifique paix du soir
Plane sur la montagne et la vallée.

1. À l'exception de très rares et surprenants moments de véritable haine antichrétienne, tel le poème (très prosaïque) de 1863 « *Devant le Crucifix* : « … Fou stupide !… Reste là-haut !… »

2. Les poèmes de prime jeunesse sont marqués par un climat de poignante mélancolie, parfois de désespoir (jusqu'à l'idée du suicide, cf., par exemple *« Droit vers la vallée… »*). Les *Écrits autobiographiques* rapprochent expressément cette tristesse de l'effondrement de l'*idylle d'enfance* (une proximité de pensée et de sentiments, sans doute imaginaires, vis-à-vis du père trop tôt disparu : est-elle possible chez un enfant de 4 ans?) et de l'arrachement brutal vis-à-vis du séjour natal. Il est probable que la lecture de Hölderlin, à partir de 1858, a contribué à transformer ce deuil vécu en une thématique élégiaque, «littéraire», comme le prouve l'allusion au *Faust* de Goethe dans *Désespoir* (p. 53).

*Les ébauches et notes en vue d'une continuation du* Zarathoustra *(1884-1885) sont caractérisées par une prose plus imagée que musicale au rythme ample et à l'intensité souvent dramatique, avec cependant des ruptures de ton au profit d'élans d'ironie amère, très peu dionysiaques, ou de jeux humoristiques dérisoires ou grinçants (comme par exemple* Chez les filles du désert*). On mesure le chemin parcouru depuis les tonalités lugubres ou languissantes, encore une fois « romantiques », de l'adolescence jusqu'à la clarté joyeuse de la maturité où règne une « ivresse » suprêmement lucide : le dionysisme maîtrisé du « grand style », du style « classique ». Ces esquisses conduiront aux larges strophes des* Dithyrambes pour Dionysos, *la dernière œuvre de Nietzsche et la seule de lui qui soit exclusivement composée de poèmes d'une déconcertante diversité de tons. Certains thèmes rappellent cependant, une fois de plus, Hölderlin ; mais un Hölderlin qui serait devenu pleinement « affirmatif », qui aurait surmonté la plainte, l'élégie et le continuel* lamento *de son « deuil sacré » pour chanter enfin un pur hymne de joie*[1].

Voici que désormais tout m'est donné
L'aigle de mon espoir a découvert
Une Grèce pure et neuve
Salut de l'ouïe et des sens.
Quittant l'étouffante cacophonie allemande…

*Enfin les* Poèmes en fragments, *la plupart très brefs, de l'automne 1888 sont souvent seulement des « pensées » rapides, condensées, ou des images parfois minuscules, souvent*

1. Voir ci-dessous le poème p. 88, et la note 1.

*cosmiques, toujours des notations cursives, hâtives, elliptiques, riches d'inventions verbales de toute sorte — parfois de simples jeux de mots ; tout à l'inverse de l'ampleur et des développements parfois un peu lents, voire lourds, des* Dithyrambes *; ce sont des éclats, des reprises en éclairs de thèmes des* Dithyrambes, *mais souvent aussi des trouvailles fulgurantes qui appartiennent à un style difficile à définir, car cette écriture se situerait* entre *le poème et l'aphorisme.* Ainsi :

Ma sagesse se fit éclair.

*ou encore :*

débris d'étoiles,
de ces débris, j'ai bâti un univers.

*ou encore :*

Qu'arrive-t-il ? Est-ce la mer qui baisse ?
non, c'est la terre qui monte !

*ou enfin :*

l'on ne reste bon que si l'on oublie.

Là où il y a danger,
là je me trouve chez moi
là je grandis et sors de terre.

« le désert croît : malheur à qui devient désert ! »

et au reflet d'un bonheur inconnu,
un lézard de lune et de nuit.

*Cette écriture nouvelle, cette « plume qui danse », n'a-t-elle pas pour suprême ambition de dépasser la poésie, en gardant dans sa clarté enfin lapidaire, le meilleur de celle-ci et de la prose pensante ?*

*Car Nietzsche entretient de toute évidence avec poètes et poésie une relation qui paraît au premier abord de franche hostilité, mais qui s'avère finalement marquée d'une profonde ambivalence. Le chapitre du* Zarathoustra *intitulé « Des poètes » en témoigne :*

> « Je suis fatigué des poètes, tant des anciens que des modernes ; tous sont superficiels ; ce sont des mers sans profondeur.
>
> Leur pensée n'a pas plongé assez loin ; aussi leur sentiment n'est-il pas descendu jusqu'aux abîmes. […]
>
> Et puis je ne les trouve pas assez purs (*reinlich*) ; ils troublent tous leurs eaux pour qu'elles paraissent profondes. »

*D'un côté, les poètes sont désignés comme des mystificateurs religieux (« les dieux sont tous des métaphores poétiques, des tours de poètes »), des faussaires qui finissent par croire en leurs propres inventions, falsificateurs de leurs prétendus nobles sentiments toujours inspirés en définitive... par du vent ! Rien au fond d'eux sinon le mélange « d'un peu de volupté et d'un peu d'ennui ». En ces fabricateurs automystifiés, d'images illusoires de dieux et de « mensonges sacrés », Zarathoustra dénonce en bloc le platonisme feint et le romantisme comme subjectivisme narcissique. En un mot : « Ils mentent trop. » Tout tient à ce « trop ». Ils trichent sans cesse : grands inventeurs de dieux, faux-mon-*

nayeurs *du sacré, ils se posent avec une feinte humilité en simples* porte-parole *du divin ou modestes lyres de la divinité. Mais de l'autre côté, Zarathoustra avoue d'emblée qu'il est* « lui aussi un poète » *et répète avec insistance la formule clef, énigmatique (dont son disciple, en tout cas, ne comprend pas la signification) :* « les poètes mentent trop », *ajoutant :* « nous mentons trop ». À quoi tient donc le trop *de mensonge qui est reproché aux poètes ?*

*Il ne s'agit pas, en effet, de simplement* condamner *la poésie selon le grief platonicien, qu'elle ne serait qu'imitation mensongère, puisque pour Nietzsche tout art, en tant que la plus « transparente » figure de la volonté de puissance, est, comme telle, « apparence, choisie, voulue et redoublée », apparence affirmée comme telle, et puisque la « réalité » tout entière est édifiée sur de telles apparences conservées parce que utiles à la vie. Les poètes mentent d'abord à eux-mêmes, en tant qu'ils s'oublient comme des créateurs de fictions, et se prennent à leur propre vanité au point de se poser en « médiateurs » qui auraient la révélation directe de l'en-soi divinisé ou de l'absolue « nature des choses ». Les poètes, surtout les romantiques, s'investissent eux-mêmes de la pseudo-mission sacrée d'apporter au « peuple », au vulgaire, la révélation rédemptrice qui a été la leur. Encore une fois :* « Ils aiment à se faire passer pour des rédempteurs (Versöhner), *mais ils restent pour moi des entremetteurs, des tripoteurs et de malpropres faiseurs de compromis.* » *Romantiques ou classiques, les uns croyant à l'intuition immédiate de la vérité, les autres davantage à un travail sur la langue, ils mentent en s'attribuant le privilège d'accéder aux vérités dernières que leur murmureraient les Muses,* « comme s'il y avait un accès secret et particulier au savoir ». « Tous les poètes croient qu'il suffit d'aller se coucher sur l'herbe au versant d'un coteau soli-*

*taire et de prêter l'oreille pour saisir quelque chose de ce qui se passe entre ciel et terre »* [...] *« Hélas, il y a tant de choses entre ciel et terre que les poètes sont seuls à avoir rêvées. »*

Or Nietzsche imagine justement des poètes qui seraient débarrassés de cette automystification, et capables d'assumer leur part volontaire de *« mensonge »*, c'est-à-dire de fiction consciente et délibérée :

> Le poète qui s'entend à mentir,
> sciemment, volontairement,
> est seul capable de dire la vérité[1].

*Un tel poète ne prétendrait plus à ces rôles religieux d'autrefois : le mage, l'inspiré des dieux ou leur interprète, le prophète, le devin. À un tel rôle, entre celui qui lui reconnaissait une tradition magico-religieuse et celui d'un avenir rimbaldien (le «voyant»), Nietzsche appelle encore le poète à l'époque de* Humain, trop humain *: « Oh, si les poètes voulaient enfin redevenir ce qu'ils furent probablement autrefois : — des* voyants *qui nous racontent quelque chose du* possible *! [...] S'ils voulaient nous faire pressentir quelque chose du* possible *! [...] S'ils voulaient nous faire pressentir quelque chose des* vertus futures *! Ou des vertus qui n'existeront jamais sur la terre [...] des constellations flamboyantes de pourpre et des immenses voies lactées du beau ! Où êtes-vous, astronomes de l'idéal*[2] *? »*

---

1. *Gedichte*, Kröner, p. 574.
2. *Humain, trop humain*, § 551, Gallimard, p. 281, cf. *Fragments posthumes*, 6 [359] p. 565-566, sur les poètes comme découvreurs de nouvelles *« possibilités de vie »* qui fleuriraient *après* la mort de la religion, ou comme capables d'*« invention dans le domaine du divin »* (*ibid.*).

*Nietzsche appelle de ses vœux un poète qui ne se prétendrait pas le témoin de l'absolu ou du divin mais s'accepterait comme « humain, trop humain », qui saurait au fond de lui-même qu'il n'est rien d'autre qu'un « animal rusé... obligé de mentir, le sachant, le voulant »*, comme le dit de lui-même le *Vieil Enchanteur dans* Le Chant de la Mélancolie. *Le poète à venir n'inventerait plus le ciel. « Tu as laissé derrière toi »*, se dit l'Enchanteur *« cette soif que tu avais naguère de pleurs célestes »* (ibid.), *c'est-à-dire cette nostalgie platonisante du beau et du vrai. Il se reconnaît, à l'inverse de la tradition idéaliste, comme un être de désirs, un être brutal, voire un « carnassier » ou un « rapace ». Ce Vieil Enchanteur — personnage qui comporte quelques allusions transparentes à Wagner — n'est pas encore le bon poète à venir, mais en tant qu'il fait partie des « Hommes supérieurs », venus à bout des idéaux anciens, il fait signe en direction du poète du futur. Qui sera-t-il? Non plus une figure séparée des hommes du quotidien, mais, en tout homme qui aurait dépassé le seulement humain (le ressentiment), celui qui sera capable d'exprimer sa part de joie et de gratitude vis-à-vis de l'être, au-delà même du savoir et de la pensée. Et plusieurs indices laissent penser qu'une poésie délivrée du faux-semblant théologique pourrait faire pressentir un genre plus élevé même que la philosophie, Ainsi, le fait que les deux œuvres majeures,* Le Gai Savoir *et* Par-delà bien et mal *se terminent par des « chants », des* Lieder. *Ainsi, le fait que le* Zarathoustra, *dans ses troisième et quatrième parties, est savamment ponctué de* Lieder *: « Chanson de la nuit », « Chant de la danse », « Chant d'ivresse », et que, dans le chapitre « Le convalescent », les animaux recommandent à leur maître en quête de guérison : « Cesse de parler !... Chante ! Construis-toi une lyre ! »*

*La musique, qui est l'essence de la poésie, lui permet d'exprimer ce dont le langage à lui seul est incapable : « Le langage ne peut en aucun cas épuiser le symbolisme universel de la musique...*[1]* » Toute poésie tend à imiter la musique, non pas une musique écrite particulière, mais la « mélodie originelle » : « La mélodie enfante et ne cesse d'enfanter la poésie*[2]*. » C'est pourquoi, une même musique peut servir, non pas d'illustration, mais de matrice à plusieurs textes. Car, l'idée d'illustrer un texte par de la musique conduit à un rétrécissement de celle-ci. La « musique », comprise comme « cette mélodie originelle du plaisir et du déplaisir*[3]* » — autrement dit, cette mélodie inaudible, inhérente aux fluctuations élémentaires de l'affectivité — constitue primordialement la source des gestes et des mots ; mais cette musique du monde est aussi la source des affects et des images, des pulsions et des représentations, et, finalement, de toute la pensée. La poésie cherche à rendre la tonalité affective de celui qui parle, à communiquer directement une tonalité affective ou un sentiment, alors que la prose les communiquera indirectement, rhétoriquement, mais l'une et l'autre objectivent par le rythme un arrière-plan dionysiaque.*

*Il y a chez Nietzsche comme chez Platon une profonde et persistante rivalité entre le philosophe et le poète. Platon, rapporte la* Naissance de la tragédie, *« commença par brûler ses poèmes afin de pouvoir devenir disciple de Socrate*[4]* ». Et pourtant il se trouva forcé de créer, pour rivaliser avec la poésie et surtout avec la tragédie, en guise de position de*

---

1. *La Naissance de la tragédie*, Chap. 6, p. 65.
2. *Ibid.*, p. 62.
3. *Fragments posthumes* de la *Naissance de la tragédie*, p. 431.
4. *La Naissance de la tragédie*, chap. XIV, p. 101, Gallimard.

*repli, une forme d'art nouvelle, mais « intimement apparentée » : le dialogue. « Le dialogue platonicien fut comme la fragile embarcation sur laquelle l'ancienne poésie naufragée s'était réfugiée avec tous ses enfants*[1]*… » La forme du dialogue, les personnages, la mise en scène, les mythes ou les allégories sont autant de traits artistiques qui plongent encore dans le dionysisme primordial. Preuve pour Nietzsche que l'art soutient, anime en secret, toute révélation de l'ordre du* logos. *Le logique est toujours étayé par, ou plutôt enraciné dans, ou encore intimement mêlé à de l'esthétique, sous la forme du rythme et des sonorités des mots : plus la pensée se fait abstraite, plus la langue, pense-t-il, doit s'efforcer de se faire imagée et mélodieuse, séduisante, comme si les sens devaient être convaincus les premiers. Alors que Platon se sert subrepticement de la séduction artistique, Nietzsche la sollicite comme cette dimension où toute démonstration s'efface devant une affirmation qui se passe de preuves, ou dont la seule preuve est l'énonciation poétique.*

*Le chant, à son sommet, ne démontre plus rien, n'a plus à argumenter, car il apporte l'argument ultime : le déploiement de la tonalité fondamentale elle-même qui rend possible* l'affirmation de l'affirmation, *l'affirmation redoublée, à savoir la joie. En ce sens, lorsque le discours laisse place à la poésie, on se situe non pas* au-delà *des idées, mais* en deçà, *à leur source. L'affirmation de l'affirmation exige d'être chantée, car elle ne comporte rien qui puisse être ajouté de plus au plan des idées, c'est-à-dire à l'affirmation simple.*

*Dans* Ecce homo, *Nietzsche définit le* dithyrambe *comme la langue de l'esprit le plus affirmateur « lorsqu'il se*

---

1. *Ibid.*, chap. XIV, p. 102.

*parle à soi seul*[1] », *lorsque dans la plus profonde solitude « il est lui-même le* oui *éternel à toutes choses, l'immense oui, l'*amen *illimité…* ». *Plus de dialectique, plus de négation, que ce soit même la négation des négateurs ou celle de la mélancolie, ou celle de la nuit…* « *Même la plus sombre mélancolie devient, chez un tel Dionysos, dithyrambe*[2]. » *Le dithyrambe au nouveau sens, tel que l'invente Nietzsche* (« *je suis l'inventeur du dithyrambe*[3] »), *n'est pas le chœur grec primitif des satyres célébrant en chants et en danses leur propre métamorphose en Dionysos, c'est-à-dire en l'Un-Tout de la Nature universelle. C'est le poème de joie du solitaire le plus pur, et, en même temps, la mystérieuse plainte de celui qui, à cause de sa force, est condamné par sa propre surabondance de vie, de* « *lumière* », *à ne pas rencontrer l'autre de sa lumière, la* « *nuit* ». *Le* Chant de la nuit, *chanté par Zarathoustra, est donné comme une illustration du dithyrambe, chant étrange de celui qui veut renoncer à son être généreux, solaire, donateur (devenir* « *cruel* », « *avare* »), *pour pouvoir s'identifier au manque, à la* « *nuit* ». « *Ah, que ne suis-je obscur et plein de nuit !* » *C'est une aspiration à l'unité des opposés, aspiration mystique, qui anime l'exaltation du dithyrambe. Le dithyrambe est le chant de la coïncidence des contraires, également affirmés au sein de l'Un-Tout. Ainsi, dans le* Zarathoustra, « *Le chant d'ivresse* » *présente la fusion, au sein de la* Stimmung, *de la joie s'affirmant elle-même, de la vie et de la mort, du soleil et de la nuit, de Midi à Minuit :*

> Toute joie veut l'éternité de toute chose, veut le miel, veut la lie, veut l'ivresse de Minuit, veut les

1. *Ecce homo*, sur *Ainsi parlait Zarathoustra*, § 6, 7, 8.
2. *Ibid.*
3. *Ibid.*

tombes, veut la consolation des larmes funéraires, veut la splendeur dorée du couchant

*La joie traverse les plus fondamentales différences, installe l'unité panique primordiale. Ainsi encore, dans l'avant-dernier des « Dithyrambes », la coïncidence mystique (dans la nuit) du silence et du murmure assourdissant des astres :*

Ô nuit, ô silence, ô bruyant silence de mort!...

*La joie, qui s'incarne dans le mouvement de la parole chantante, comme dans le mouvement plus ancien que la parole du corps dans la danse, se joue du figement ou de la fiction des contraires. Elle les appelle, les convoque, les invoque pour mieux les envelopper, les enlever, les surplomber et s'en affranchir dans la métaphore ineffable, inexplicable, de son envolée. Est-ce langage ? Est-ce musique ? Est-ce silence ? Ces antithèses elles-mêmes sont dépassées puisque, selon une formule célèbre, mais trop peu méditée : « Ce sont les paroles les plus silencieuses qui soulèvent la tempête. Des pensées qui viennent sur des pattes de colombes mènent le monde. » Des « paroles silencieuses », ce ne sont peut-être pas seulement les paroles murmurées ou chuchotées, mais un silence ou une musique qui laisse deviner des paroles ou que des paroles laissent deviner.*

*La joie du dithyrambe laisse retentir un extatique silence : silence de l'adhésion au monde dans l'« ivresse » où le monde vient à sa perfection, est ressenti comme parfait, où ce n'est plus tant l'homme qui s'affirme que le monde lui-même à travers l'homme. L'Être s'aime lui-même, et « je » ne fait que répéter cette adhésion à soi de l'Être même en son fond :*

>  Éternel Oui de l'Être
> éternellement je suis ton Oui.

*Extatique, et source ultime du dithyrambe, est l'instant de dépossession (minuit, midi) où le singulier peut souhaiter l'union avec l'être universel, fût-elle mortelle comme le saut d'Empédocle, où il peut désirer se trouver repris dans la profondeur abyssale. Le dithyrambe jaillit de la tension vers cette mort heureuse, anticipée avec une nostalgie qui est à l'opposé de la nostalgie mélancolique. Ainsi dans le chant de Zarathoustra, au chapitre « Avant l'aurore » :*

> Ô ciel au-dessus de ma tête, toi le pur, le profond ! Abîme de lumière ! Je tremble en te contemplant de désirs divins. Me jeter dans ton altitude — voilà pour moi la profondeur.

> Ô ciel au-dessus de ma tête [...] tu me regardes ? Tu écoutes cette voix étrange ? Quand boiras-tu cette goutte de rosée tombée sur toutes choses terrestres ? Quand boiras-tu cette âme étrange ?

> Quand donc, ô puits de l'éternité, abîme lumineux et frémissant de midi, quand reprendras-tu en toi mon âme ?

*« Quand donc » : impatience, nostalgie mais douce et sereine d'une « union mystique », non pas comme autrefois en Dieu, mais avec la pure hauteur* céleste *qui fait passer d'un seul coup dans la dimension divine, surhumaine, dans l'impensable identité. Le poète-prophète aspire à tomber vers le haut, dans le puits abyssal inversé de la lumière solaire.*

*Son lyrisme dithyrambique célèbre l'envol de son âme dans le soleil. Il invoque le ciel comme le grand autre, l'unique partenaire de sa solitude, avec le sentiment heureux de sa propre évanescence (une goutte de rosée sur le point de s'évaporer). Cette étrange béatitude de la disparition est l'un des thèmes des derniers fragments poétiques de 1888 :*

> Tu t'es ceint de nouvelles nuits,
> Ta patte de lion a inventé de nouveaux déserts.

> On est certain de sa mort :
> Pourquoi ne serait-on pas serein ?

*ou encore :*

> Voici la mer, jette-toi dans la mer !
> Divin est l'art d'oublier !

*Mais ce n'est pas, et de loin, le principal leitmotiv. Y percent fugitivement, en éclairs et pêle-mêle, tous les thèmes du renversement des valeurs, la rage et l'agressivité contre l'humanité mesquine, contre la « cohue », les « âmes de boutiquiers », la célébration de la noble solitude du solitaire bonheur, solitude dangereuse, risquée, l'amour de tous les hasards, l'attente de grands avenirs, le sarcasme, la méchanceté maligne et gaie, l'ironie envers soi, et encore, par-dessus tout, l'élan souverain de la* légèreté, *l'élévation dans le voisinage des glaces et des cimes :*

> Je suis chez moi sur les hauteurs
>
> […]
> des vérités faites pour nos pieds,
> des vérités qui se puissent danser.

[…]
pour nos esprits libres et gais comme l'air…

*Nietzsche nous laisse face à l'ambiguïté de ces ultimes étincelles de pensée, qui ne sont plus ni des aphorismes ni des poèmes,* mais les deux à la fois, *inscrits plutôt comme des* mémentos *du cœur* après *la pensée, comme de brefs rappels victorieux, coups d'œil sur les sommets atteints, écrits pour se réconforter soi-même et amadouer son propre destin énigmatique et solitaire.*

Michel Haar

## PRINCIPES DE L'ÉDITION
## ET SOURCES DES TEXTES

1. Cette édition ne donne, en version française, que les poèmes ou proses poétiques qui *ne* figurent *pas* dans les œuvres publiées par Nietzsche lui-même. Elle exclut donc par exemple les « Chants du Prince Hors-la-loi », à la fin du *Gai Savoir*, les poèmes de *Par-delà bien et mal*, ou ceux qui figurent à titre d'autocitations dans *Ecce homo*, tels que « Venise », ou encore « Le chant de nuit » tiré d'*Ainsi parlait Zarathoustra*. Nous citons exceptionnellement ce poème *en tête* des proses et poèmes relatifs à une continuation du *Zarathoustra*, car Nietzsche le donne lui-même comme le modèle ou la « marque distinctive » du style dithyrambique (*Ecce homo*, Gallimard, 1974, p. 315) qui unit dit-il la « limpidité d'émeraude » et une « tendresse divine », d'un côté, à « la plus sombre mélancolie », de l'autre.

2. Il faut distinguer, parmi les textes posthumes appartenant au cycle ou à la thématique de *Zarathoustra*, qui sont publiés ici, deux ensembles successifs :

a) les textes relatifs à la composition à Nice durant l'hiver 1884-1885 de la quatrième partie du *Zarathoustra* ;

b) les ébauches et fragments datant de janvier à avril 1885 en vue d'une *œuvre nouvelle,* intitulée suivant divers projets ensuite délaissés : *Midi et Éternité* ou *Philosophie de Dionysos* ; cette œuvre eût été un prolongement direct du *Zarathoustra* lui-même souvent désigné comme un « portique » ou un « prélude ».

Nous avons puisé pour ces textes dans *Fragments posthumes*, vol. XI, automne 1884-automne 1885, Gallimard, 1982, traduction par nous-même et Marc de Launay, très rarement modifiée.

3. Les *Poèmes de jeunesse* (1858-1868), donnés par ordre chronologique, commencent, pour nous, en 1858, date (qui nous a paru significative) de l'entrée de Nietzsche, à 14 ans, au collège de Pforta. Mais signalons que le premier volume de l'édition complète allemande (Walter de Gruyter, Berlin, 1995) commence en 1852 et s'arrête en 1858 : il comporte à lui seul 397 pages, avec de très nombreux morceaux en prose, mais aussi nombre de poèmes d'enfance, déjà remarquablement élaborés, avec une grande conscience des «genres» (épique, lyrique, mythologique, historique, etc.). L'abondance extrême des poèmes de Pforta, écrits de 14 à 20 ans — tous pieusement conservés, semble-t-il, par sa mère, sa première dédicataire — et leur variété étonnante de registres, avec beaucoup d'allusions aux auteurs classiques de l'Antiquité, rendent le projet d'une éventuelle traduction complète difficilement réalisable, tout au moins dans un proche avenir.

Nous avons puisé surtout, pour ces années de jeunesse, dans les *cinq* volumes des *Jugendschriften* (éd. par Mette, chez Beck, Munich, 1934), ainsi que dans l'édition allemande relativement abrégée des *Poèmes* (citée sous *Gedichte*), Kröner, Munich, 1964.

# Poèmes de jeunesse

1858-1871

La vie est un miroir
*Se* reconnaître en lui,
Tel est, pour ainsi le nommer, le désir premier,
Auquel nous ne faisons qu'aspirer.

*Pforta, 1858*

\*

Je suis debout sur la falaise nue,
Enveloppé d'un manteau de nuit.
Depuis ces hauteurs désolées mon regard
Descend jusqu'à un pays couvert de fleurs.
Je vois s'envoler un aigle
Qui avec le courage de la jeunesse
S'élance à la poursuite des rayons dorés,
Et montant s'enfonce dans le brasier éternel.

\*

Je voudrais être une alouette
Je m'élancerais alors à la première lueur
Du nouveau jour dans les airs
Haut par-dessus val et forêt et gouffre

Le rossignol chante sur la branche à voix forte
Le ruisseau murmure en passant près de moi
Un vœu par son doux bruissement s'énonce à voix haute
En mon cœur ô puissé-je toujours être
En tes hautes futaies superbe forêt allemande
Je me sens soulevé de terre
Ô jour de jubilation approche vite oh vite
Où s'accomplira pour moi ce vœu

Voici que je repose enveloppé d'un doux sommeil
Je rêve qu'averti de toute langue
Je comprends ce que les gracieux oiseaux chantent
Et ce que chuchotent les fleurs multicolores
Maint doux secret me fut révélé
Et quand enfin je me suis éveillé de ce sommeil
Je poursuivis mon chemin avec un délicieux frisson
Avançant à travers la verte forêt et pensai :

En toi est la liberté, en toi est la vie,
Ô miraculeusement belle, forêt allemande
Où m'entourent de nobles chênes
Et résonne alentour une jubilation pure
Étendu sur de doux gazons
J'oublie tous mes soucis
Recouvert de fleurs par vagues
Je sors du sommeil très soigneusement protégé.

*Retour I*

Les alouettes me devancent avec des cris d'allégresse,
L'âme s'élance joyeusement à leur suite,
Vers la maison de père, vers la maison de père
Te mène la clarté du jour !

Jadis j'ai émigré dehors dans le monde ;
Oui j'ai été ce jour-là en cette extrémité.
Mon cœur a été pris d'angoisse et d'horreur
Face à ce qui m'attendait.

La clarté du jour me conduisait,
Loin, très loin de la maison de père.
Les chants anciens résonnaient derrière moi,
La joie d'autrefois était morte.

Ô rossignol, chante à présent et dis-le,
Chante-le au monde entier :
Finie la douleur, passée la plainte,
Une fois dans la maison chérie de père !

## *Saaleck*[1]

Une béatifique paix du soir
Plane sur la montagne et la vallée.
Le soleil souriant verse avec grâce
Ses derniers rayons jusqu'à nous.

Les hauteurs alentour s'embrasent
Et scintillent en gloire et majesté.
Et il me semble voir les chevaliers, sortis
De leurs tombeaux, retrouver leur ancienne puissance.

Prêtez l'oreille ! Venus des donjons
Retentissent avec force des éclats de joie.
La forêt fait cercle : elle écoute
Ces résonances de volupté.

S'entremêlent les échos de mainte chanson
Célébrant la volupté de la chasse,
Les cors lancent distinctement leurs accents à l'unisson
Des timbres clairs des trompettes.

Voilà que le soleil a sombré, dissipée,
L'harmonie joyeuse s'éteint.
Le silence et l'effroi des tombeaux
Transit d'angoisse les hautes salles.

Saaleck repose, si triste,
Là-haut dans son désert de roche.
À le voir, un frisson d'horreur
Me pénètre le fond de l'âme.

## *Belle au bois dormant*

Au bois, où murmurent les cimes,
Allons écouter :
Il y dort une gracieuse enfant de roi,
Bercée par une tiède brise de printemps,
Sa chevelure d'or est parsemée de fleurs.
Sommeille, ô sommeille douce et tendre enfant
Merveille captive au château du bois
Ô belle, belle au bois dormant !

Au bois, où murmurent les chênes,
Allons écouter :
Voici qu'approche maint délicat fils de roi,
La pourpre éclatante, et la couronne brille
Charmeur résonne l'accent d'un luth d'or :
Sommeille, ô sommeille douce et tendre
Fille de roi, de beauté merveilleuse,
Ô belle, belle au bois dormant !

Au bois, où murmurent les cimes,
Allons écouter :

Les oiseaux y font entendre maint doux chant,
Les cimes retentissent comme carillons
À voix légère chante la brise de printemps.
Sommeille, ô sommeille doucement, tendrement,
Ô fille de roi, de merveilleuse beauté,
Ô belle, belle au bois dormant!

## Sans patrie

De rapides coursiers m'emportent[1]
Sans peur ni doute
Vers d'immenses lointains.
Et qui me voit me connaît,
Et qui me connaît me nomme
Le seigneur sans patrie.
    Hardiment! De l'avant!
Ne m'abandonne pas,
Ma chance, ô toi brillante étoile!

Que personne n'ose
Après cela me demander
Où est ma patrie.
Car je n'ai jamais été lié
À l'espace ni aux heures fugitives,
Je suis aussi libre que l'aigle.
    Hardiment! De l'avant!
Ne m'abandonne pas,
Ma chance, ô toi gracieux mois de mai!

Qu'un jour je doive mourir,
Baiser la mort cruelle,
Je le crois à peine.
Faut-il que je descende à la tombe
Et puis jamais plus ne boive
L'écume odorante de la vie ?
    Hardiment ! De l'avant !
Ne m'abandonne pas
Ma chance, ô toi rêve multicolore !

*Pforta, le 10 août 1859*

*Chant de mai*

Les oiseaux chantent avec ravissement
Loin dans l'épaisseur du bois ;
Les champs ensoleillés s'étendent
Sous les gracieux rayons de mai.
Les ruisseaux murmurent doucement
À travers la campagne fleurie
Où jubile l'alouette.
Oh peut-il se donner chose plus belle
Que le mois de mai, que le seul mai ?

Ce qui m'attristait le cœur,
Le faisait sombre et désemparé,
Ce qui était vaste désert et frisson,
Cela est à présent rayonnant de soleil.
Les fleurs se dressent gracieuses
Dans les prés aux riches éclosions,
Où bourdonnent les abeilles.
Oh peut-il se donner chose plus belle
Que le mois de mai, le seul mai ?

Ô plénitude infinie
De pure béatitude!
Ô délice, oh enveloppe
Mon cœur avec sa peine
Fais passer et s'évanouir
Ce qui ne murmure pas sur mon cœur
Comme des souffles printaniers!
Oh peut-il se donner chose plus belle
Que le mois de mai, le seul mai?

Je voudrais me plonger
Dans cette mer de volupté;
Cette douce pensée
Soulève déjà de joie ma poitrine.
Je voudrais t'embrasser
Et ne plus jamais me séparer de toi,
Ô printemps, viens, entre!
Il ne peut rien se donner de plus beau
Que le mois de mai, que le seul mai!

*1859*

## *Nostalgie*

Le doux tintement du soir
Résonne sur la campagne.
Mais il m'apprend
Qu'en ce monde personne
N'a vraiment trouvé
Le pays natal et le bonheur du pays :
À peine sortis des langes de la terre,
Nous retournons à la terre.

Quand les cloches tintent ainsi,
Je ressens que tous
Nous sommes encore en chemin
Vers la patrie éternelle.
Heureux celui qui sans trêve
Lutte pour s'arracher à la terre
Et chante des chants nostalgiques
De cette béatitude.

*août 1859*

*Retour II*

Ce fut un jour de peine,
Quand jadis je fis mes adieux :
D'angoisse encore plus vive
Le jour où ensuite je revins.
Les espoirs du voyage
Anéantis d'un seul coup !
Ô heure malheureuse !
Ô jour funeste !

J'ai beaucoup pleuré
Sur la tombe de mon père,
Et des larmes amères
Sont tombées sur la dalle.
La chère maison paternelle
M'est apparue si vide et si triste
Que j'ai dû la quitter bien souvent
Pour gagner la forêt obscure.

Dans son espace ombragé
J'ai oublié toute douleur.

Par de doux rêves
La paix est revenue dans mon cœur.
Le doux éclat des jeunes fleurs,
Les roses et l'ébat des alouettes
Ont éclairé mon sommeil
À l'ombre d'un hêtre.

*25 août 1859*

*Au loin*

Au loin, au loin
Luisent les étoiles de ma vie,
Et je contemple avec tristesse,
Mon bonheur de jadis,
Regardant si volontiers, si volontiers
Avec un frisson de plaisir en arrière.
Comme un voyageur sur les hauteurs se tient
Et surplombe du regard les lointains,
Les prés fleuris
Où passent en murmurant les douces, tièdes
Brises, et prête l'oreille
Avec un effroi secret :
Ainsi s'étendent devant moi
De vastes époques heureuses et arrachent
Mon esprit aux misérables bornes
De négatives pensées
Pour l'élever jusqu'aux joies éternelles de là-bas.
Je vois osciller la barque de Charon :
Je rappelle aux accents de la lyre d'or

Celles qui ont sombré
Et elles s'approchent et m'enserrent
De leur lumière magique.
Je m'efforce de les saisir — elles pâlissent
Et je dois les laisser s'évanouir :
Mon espérance est anéantie !

*1859*

*Automne*

Brouillard d'automne alentour ; fondus
en vapeurs grises,
passent en glissant les fantômes des monts.
Œil rougeoyant le soleil décline
tête sombre et sans cesse assombrie
il descend à son tombeau de vagues.

Brouillard d'automne alentour ; en vapeurs humides
d'horreur nocturne,
le feuillage tremble, fatigué de vivre.
Gais de l'été, tristes de l'automne,
les oiseaux s'enfuient par le ciel.

Brouillard d'automne alentour ; le hibou ulule,
resserrés
les sapins frémissent, les chênes gémissent.
Noyées de nuit,
blêmes, les figures du brouillard tremblent,
vers la tombe, vers la fosse.

*1861*

*« Droit vers la vallée,
droit vers la hauteur »*

Dans la forêt de sapins, à minuit,
Quand la blême clarté de la lune timidement
Traverse les cimes d'un sourire de spectre,
Je te vis debout, solitaire, à part[1].

Pas un mot ; le vent léger glisse furtivement,
Il monte de la vallée avec un bruissement étouffé,
Et dans le murmure des roseaux, effrayante douceur,
Résonnent des voix d'esprits qui sortent du marais.

Main crispée, l'œil étincelle
Que fascine la roche escarpée,
Ton cœur est comme sous la houle d'une sauvage marée
Dont les vagues battraient la plage.

Murailles en débris, colonnades orgueilleuses,
Le Burg sous la lumière crue de la lune
Le regarde d'en haut en riant de son œil vide
Ricane, le salue, s'incline, et dit :

« Droit vers la hauteur, droit vers la vallée :
« Le soleil tue, la lune donne vie,
« Pourquoi regardes-tu, pâle et livide, vers là-haut ?
Fais la montée, car toute chose s'efforce vers la lumière ! »

Il se hisse au sommet, l'escalade, guette
Le murmure qui parcourt les roseaux,
Le vent qui bruisse au long de la falaise,
La chouette dont l'aile frôle la hauteur.

Et la rumeur se rapproche, accent magique,
Souffle, frémissement, comme une vibration de harpe,
Qui à présent se plaint doucement, en douloureuse
                              angoisse :
— Expirer — s'effacer — se noyer dans le Tout[1].

Cela lui saisit le cœur — il monte et se penche,
Et ouvre les bras, étreignant le monde.
Se noyer — sombrer — la colonnade s'efface,
Expirer — se perdre — tomber vers la terre en mille
                              morceaux.

*Pforta, 30 janvier 1862*

## *Chansons*

### I

Mon cœur est vaste comme une mer,
ton visage y sourit baigné de soleil,
en profonde, douce solitude,
où délicatement vague sur vague se brise.

Est-ce la nuit? Est-ce le jour?
Je ne sais.
Mais ton visage baigné de soleil me sourit,
si charmant et si doux,
et je suis heureux comme un enfant.

### II

C'est le vent à minuit
qui frappe à ma fenêtre.
C'est l'averse tendre,
qui tombe goutte à goutte délicate à mon toit.

C'est le rêve de mon bonheur,
qui passe sur mon cœur caressant comme le vent.
C'est l'haleine de ton regard
qui passe sur mon cœur comme un baume de pluie.

III

Dans la solitude j'aperçois d'aveuglants éclairs
qui, traversant le bleu ténébreux du ciel nocturne,
jaillissent des sourcils sombrement voûtés,
d'ondoyantes nuées.
Dans la solitude, flamboie au loin le tronc des pins
aux flancs vaporeux de la montagne.
Plus loin, environnée de rouge clarté,
la pâle fumée fuit vers le bois.
Dans les lueurs d'un ciel lointain
ruisselle la pluie délicate et sans bruit,
triste et lugubre à sa façon.

En tes yeux mouillés de larmes,
se prolonge un regard,
qui douloureusement, d'un chagrin cordialement
dissipé de toi et moi,
d'heures disparues et d'un bonheur enfui,
a rappelé le souvenir commun.

IV

Aux heures paisibles je pense souvent
à ce qui avec tant d'attrait m'angoisse et m'effraie,

quand, inattendu, à mon insu,
un doux rêve s'étend sur moi.

Je ne sais ce qu'ici je pense et je rêve,
je ne sais ce qu'il me reste à vivre ;
— et pourtant quand je suis ainsi ravi,
le cœur me bat avec un tel désir.

*1862*

*Jeune pêcheuse*

Je rêve au matin calme,
regardant passer les nuages,
avec quelle douceur par les arbres
tremble la jeune journée.
La brume palpite et ondoie,
par-dessus l'aurore rose
— ô personne au monde ne sait
que je suis aussi triste.

La mer ondoie fraîche et douce,
passe sans repos ni répit,
il me vient un frisson particulier,
et je ferme les yeux.
La brume ne saurait voir
l'aurore rose au-dessus d'elle
— ô personne ne peut comprendre
pourquoi je suis aussi triste.

Volée d'oiseaux fuient gaiement
et chantent de façon si charmante, si gracieuse.

J'aimerais pouvoir voler
où mon cœur désire.
Les brumes ondoient et s'enflent,
recouvrant l'aurore rose,
— ô personne ne peut éprouver
à quel point je suis triste.

Je regarde et pleure,
aucune voile de tout l'horizon.
Si triste, si solitaire,
de chagrin mon cœur se brise.
La brume palpite et ondoie,
par-dessus l'aurore rose
Je suis seule au monde à savoir
pourquoi je suis si triste.

*1862*

*Tu as appelé : Seigneur, je viens*

Tu as appelé :
Seigneur, je viens
et me tiens
aux marches de ton trône.
Enflammé d'amour,
ton regard si tendrement
si douloureusement
rayonne jusqu'au fond de mon cœur, Seigneur, je viens.

J'étais perdu,
ivre de vertige
déchu
élu de l'enfer et des tourments.
Tu te tenais debout dans la distance :
ton regard indiciblement
émouvant
me toucha si souvent ; maintenant je viens bien
                                        volontiers.

Je ressens un frisson,
face à l'abîme nocturne
du péché,
et je ne veux pas regarder en arrière.
Je ne puis te quitter
tremblant au long des nuits,
avec tristesse
je lève les yeux vers toi et dois te recevoir.

Tu es si doux,
fidèle et intime,
au fond de l'âme,
chère figure du rédempteur !
Apaise mon désir,
que ma méditation et ma pensée
s'abîment
dans ton amour, se suspendent à toi.

*1862*

## *Désespoir*

Au loin les cloches tintent[1],
la nuit passe avec une rumeur sombre.
Je ne sais que faire :
ma joie est morte, mon cœur est lourd[2].

Les heures filent en un silence spectral,
la cohue du monde, son mugissement résonnent dans le
                                                                 lointain.
Je ne sais que faire :
mon cœur est lourd, ma joie est morte.

La nuit est si sombre, si effroyable
la blême lumière cadavérique de la lune.
Je ne sais que faire :
La tempête fait rage, je ne l'entends pas.

Je n'ai ni répit ni repos,
Je marche silencieux jusqu'à la plage,
vers les vagues, vers la tombe,
mon cœur est lourd, ma joie est morte.

*1862*

*Premier adieu*

Les étoiles s'avancent tristement
au ciel nu
les vents demandent avec détresse,
pourquoi je suis si calme.

Et la fenêtre déverse
l'éclat de la pleine lune,
ô rayons chéris, apaisez
mon cœur et sa peine !

Je ne sais si je dois rire, plaisanter,
ou pleurer ici —
mes yeux sont emplis de douleur
mais aussi d'ironie amère.

Et mes mains passent
ici et là presque en tremblant,
et mes pensées s'élargissent
à l'infini comme une mer.

J'ai entendu tinter les cloches
brièvement vers minuit.
Cela veut dire à présent pour moi
qu'on a fait une tombe.

On a enterré une année,
le nouvel an s'annonce.
On a enterré mon cœur,
et nul ne s'est enquis de moi.

*1862*

Envolés les rêves souriants,
Envolé le passé,
Le présent est lugubre,
L'avenir confus et lointain.

Je n'ai jamais éprouvé
La joie ni le bonheur de vivre.
Vers des temps anciennement disparus,
Je me tourne avec tristesse.

J'ignore ce que j'aime,
N'ai ni paix ni repos;
Je ne sais ce que je crois :
Pourquoi vivre encore, à quoi bon ?

Je voudrais mourir, mourir,
Dormir sur la lande verte;
Les nuages passent au-dessus de moi,
Autour de moi, la solitude de la forêt.

Les roues éternelles de l'univers
Continuent leur cours circulaire;

Le ressort rouillé du globe terrestre
Sans cesse de lui-même se remonte.

Belle occupation que de faire ainsi comme l'air
Le tour du globe qui tourne en rond,
De se glisser dans tous les recoins
De se fondre à l'univers en suspension !

Beau plaisir que d'étreindre le monde
Dans son élan universel,
Et puis d'écrire un article de magazine
Sur les proportions du cosmos.

Au gouffre de mon ventre,
J'ai réduit de force l'infini,
Puis prouvé par mille raisons
Qu'étaient finis monde et temps.

L'homme n'est pas la noble image
De la divinité.

Moi-même de jour en jour plus alambiqué
[…] [1]
C'est à l'instar de mon caractère natif
Que je m'imagine aussi Dieu.

Je fus réveillé de rêves pesants
Par un sourd tintement de cloches.

*Juillet 1862*

*Retour au pays*

I

Je suis revenu
Fatigué comme un voyageur,
À qui le pays natal chante
avec douceur son chant du soir.

Cœur, ô toi toujours le même,
Feuille agitée,
Laisse-toi choir,
Trouve ici asile.

Main, ô sarment sauvage,
Enroule-toi
Autour de la patrie,
Sanctuaire de calme paix.

Yeux insondables,
Enfants mystérieux,

Regards, voyez comme une magie
Ici enveloppe tout.

Cœur, main, yeux,
Dans la senteur des sapins
Reposez immobiles sous le voile
De lumière dorée du crépuscule.

Je suis revenu,
Garçon égaré,
À qui la douce patrie
A donné sépulture et paix.

II

Je ne sais pas si l'heure
De ma joie est fanée ;
Comme un rêve le souvenir
Chante son chant étrange.

Je ne sais si l'heure
De ma peine est passée ;
De loin, en profonde compassion,
Son souffle me touche d'un sourire.

Je ne sais si ma vie
Referme ses calices,
Pour que la ténébreuse
Nuit puisse couler sur elle.

Sous les débris et les décombres,
Sous l'œil de la lune,

Elle a refermé son regard ardent
Sur mon bonheur de vivre.

Soleil, douces ardeurs
D'une mer sans rivage,
Réduisez en cendres et en poussière
La plénitude du bonheur et du mal.

Je ne sais si déjà flétri
Le souffle de la mort
Et son regard aveugle
Ne m'ont pas mystérieusement touché.

III

Nuages au loin, voiles
Blanches dans l'éclat du soir,
Comme vous vous enflez et montez
Sous la marée en tempête !

Mon regard reste fixe
Fasciné par votre image,
Qui fait surgir à mes yeux
Une source éternellement jeune.

Sein merveilleux
Des larmes et des éclairs,
Nourris-moi, ton enfant,
L'éternel désespéré.

Anxieusement suspendu
À tes plis,

J'ai en une seule larme,
Reconnu ton cœur.

Si je m'ébats audacieux
Dans le feu du monde,
Je frissonne, quand plein de colère
Ton regard s'abaisse sur moi.

Nuages au loin, voiles,
Poussez la barque légère du voyageur
Sur votre orbite
Illuminée d'étoiles.

IV

Debout sur la lande boisée
Au soir, fatigué du chemin,
Là où fleurit l'œillet rouge
Et la rose.

Sombre et reclus,
Entouré par la pinède nocturne,
Une sauvage et haute vision
Passe devant moi en glissant.

Un doux tintement de cloches
S'élève de la vallée ;
Est-ce un moine qui mélancoliquement
Tire la corde pour sonner ?

Est-ce avec nostalgie qu'il regarde
Le voyageur fatigué

Qui dans le crépuscule
Rougeoie comme un saint ?

Je me suis assis sur un rocher
Des heures durant
M'efforçant d'entendre dans mon souvenir
Une pleine volée de cloches.

Suis-je le moine, ou le voyageur,
Jamais plus je ne l'ai su.
Sur les cimes passait en glissant
Pâle la lune.

v

Nuit de lune, nuages,
Lande solitaire.
Lieux de prédilection de mon cœur,
Ô comme vous êtes loin !

Nul ne voudra me suivre,
Aussi je m'en vais seul.
Joie et peine se dissipent
Muets dans l'écrin du cœur.

Années, lunes, heures,
Me regardent en souriant,
Passent doucement,
Sur moi, pauvre homme.

Étoiles compatissantes aussi
Ont leur course claire, et bientôt assombrie.

Leur regard qui scintille
Témoigne de leur amour.

Souvenir très doux,
Source de visions éternelles ;
Mon unique patrie,
Ô surgis, froide et lumineuse.

Courants sortis des profondeurs,
Trésors enfouis en terre :
Mainte couronne brisée
Maint cœur volé en éclats.

*(1863)*

*Second adieu*

Le soleil fait reluire les champs de neige,
les larmes me montent aux yeux,
    envolés!

Une brise venue du sud vient murmurer.
forêt et buisson sans fleurs ni feuilles,
    envolées!

Un bourgeon s'est ouvert au matin,
il a pleuré le jour, est mort la nuit,
    envolé!

Ô lumière du soleil, ô vent du sud,
pourquoi tromper le pauvre enfant?
    envolé!

Le sapin secoue silencieusement sa cime,
mon cœur est comme saupoudré de neige.
    envolé!

La sapin chante un chant funèbre,
le soleil est mort, le vent s'en va,
 envolés !

*1863*

*Souvenir*

Elle tressaille des lèvres et ses yeux sont rieurs,
et pourtant elle s'élève chargée de reproche,
cette image venue des profondeurs, du fond de la nuit
                                                          du cœur
— douce étoile à la porte de mon ciel.
Elle se fait brillante, triomphale — et ses lèvres se
                                                          ferment
plus étroitement — et une larme coule.

## *Perdue*

Pour le noble esprit ce monde est trop petit ;
sur les ailes de l'enthousiasme il s'envole
haut par-dessus le néant de la vie,
et se réfugie en des hauteurs bienheureuses, plus
                                                belles,
où des astres près de lui gravitent autour de soleils,
et il voit dans l'univers régner l'Infini,
Celui qui perce tous les secrets.
Il y a cependant un sentiment qui suspend
l'impétueux et sauvage élan du cœur,
qui couvre pour lui la vie de fleurs
et l'emplit d'amour et de réconfort
— c'est le sentiment souverain de l'amour de la terre
                                                natale !
Ô heureux qui au milieu des orages de cette vie
connaît une maison où trouver repos,
où un souvenir doré le baigne,
et où le bonheur de mai lui sourit avec tendresse.
Là règne la paix, règne la joie bienheureuse,

et toutes les poitrines ressentent la proximité sainte de
                                                    Dieu.
Là passe, chargé d'espoir, le rêve de la jeunesse
une fois encore sur le cœur lourd :
le mai fleuri de la vie éclôt une fois de plus,
avec l'appel des rossignols et le parfum de la violette,
la joie de l'alouette et l'espérance reverdie.
Et cette terre où tu es né,
où tu as goûté en abondance le délice de vivre,
tu l'as perdue !

## *De ce côté — de l'autre*

De ce côté, de l'autre,
vole la flamme étincelante des regards ;
sombre, de plus en plus sombre
se fait la voûte de mon ciel, ivre de mélancolie ;
ah j'aimerais mieux
que se brise l'assise tremblante de ce cœur
— De ce côté, de l'autre,
frémissent les éclairs — mais la bouche se tait.
Rassembleur de nuées, ô toi qui donnes congé aux cœurs,
rends-nous mûrs.

*Pardonné, oublié*

Je t'ai pardonné à toi et à moi et j'ai oublié
Hélas! Tu as oublié — toi et moi, et tu as pardonné.

*Au dieu inconnu*

Une dernière fois, avant de m'en aller
et de tourner mes yeux vers l'avenir,
dans ma solitude, j'élève les mains vers toi
vers qui je cherche refuge,
toi à qui j'ai consacré des autels solennels
au plus profond de mon cœur.
Que ta voix en tout temps
me rappelle !
Ciselés, ces mots flamboient :
au dieu inconnu.
Je lui appartiens,
même si je suis resté jusqu'à cette heure
entouré de brigands :
Je suis à lui — même si je sens les liens
qui dans le combat m'attirent ici-bas,
et me forcent à le servir,
moi qui voudrais le fuir.

Je veux te connaître, inconnu,
toi qui pénètres au fond de mon âme,
toi qui traverses ma vie comme une tempête,
toi l'insaisissable, mon proche!
Je veux te connaître, je veux te servir.

*Automne 1864*

## *À la mélancolie*

Ne me tiens pas rigueur, ô ma Mélancolie,
D'apprêter ma plume à célébrer ton éloge,
Au lieu de demeurer, le front sur les genoux,
Assis tel un ermite sur le tronc d'un arbre.
Souvent, et hier encore, tu me vis ainsi,
Au rayon matinal d'un soleil enflammé :
Vers la vallée criait le désir du vautour,
Rêvant de chair fichée morte sur un pieu mort.

Oiseau cruel, tu te trompais en me voyant
Figé sur mon tronc d'arbre comme une momie !
Tu n'as pas vu mon œil qui, brillant de plaisir,
Orgueilleux et fier guettait de tous côtés.
Et s'il ne glissait pas jusqu'au ciel où tu planes,
S'il était comme mort au lointain des nuages,
C'était pour pouvoir, s'enfonçant toujours plus, d'un éclair
Illuminer en lui-même l'abîme de l'existence.

Souvent prostré ainsi dans l'abandon profond,
Hideux, tel un barbare offert au sacrifice,
Ma pensée pénétrée de toi, Mélancolie,
J'étais un pénitent, si jeune que je fusse !
Je me réjouissais de ce vol du vautour,
Du roulement de tonnerre des avalanches ;
Tu parlais, incapable d'humaine tromperie,
Véridique, mais l'air sévère et redoutable.

Ô toi, rude déesse des rochers sauvages,
Tu aimes, mon amie, paraître près de moi :
Tu me montres alors le vol menaçant du vautour,
Et l'avalanche qui voudrait m'anéantir.
Autour de moi grince des dents l'envie du meurtre :
Lourd désir torturant de soumettre la vie !
Perchée séduisante sur les rochers à pic
La fleur espère la venue du papillon.

Tout cela, je le suis — un frisson me le dit —,
Le papillon séduit, et la fleur solitaire,
Et le vautour, et le torrent couvert de glaces,
Et l'orage furieux — je suis pour toute la gloire,
Sombre déesse au-devant de qui, prosterné,
Tête sur les genoux, un lugubre chant de gloire aux
                                                                    lèvres,
Inlassablement, occupé de ton unique gloire,
Je soupire altéré : la vie, la vie, la vie !

Ne me tiens pas rigueur, ô cruelle déesse,
De te tresser en vers une tendre guirlande.
Il tremble celui que touche ta face horrible,
Il frémit celui qu'atteint ta droite cruelle.
Je tremble en balbutiant ces chants l'un après l'autre,

Mes frissons font jaillir des figures rythmiques :
L'encre coule, et la plume aiguë jette un éclair —
Mais à présent, déesse — oh ! ne me retiens plus !

*Grimmelwald*
*(été 1871)*

*Après une nuit d'orage*

Aujourd'hui, vapeur de brouillard, tu voiles
Cette fenêtre, ô très sombre déesse,
La foule des flocons flotte, lugubre,
Le ruisseau gorgé y mêle sa voix.

Hélas ! dans un éclair précipité,
Dans le fracas indompté du tonnerre,
Dans la brume des champs tu as mêlé,
Sorcière, le philtre humide de mort !

À minuit j'écoutai, plein de frayeur,
Ta voix qui hurlait désir et douleur,
Je vis briller ton œil, je vis ta droite
Armée du foudre au tranchant convulsé.

Tu vins ainsi à ma couche déserte
Dans l'éclat de la cuirasse et des armes,
Heurtant le carreau d'une lourde chaîne,
Et tu me dis : « Apprends donc qui je suis ! »

« Je suis la grande Amazone éternelle,
« Jamais femme, ni colombe, ni tendre,
« Guerrière à la haine, au mépris virils,
« Triomphatrice et tigresse à la fois !

« Mes pas, où ils vont, vont sur des cadavres,
« La fureur de mes yeux lance des flammes,
« Je rêve de poisons — À genoux ! Prie !
« Ou pourris, larve ! Éteins-toi, feu follet ! »

*Été 1871*

# SENTENCES

## *Sur la porte de ma maison*[1]

J'habite ma propre maison,
Je n'ai jamais imité personne
et — je me suis moqué, en sus, de tout maître
qui ne s'est pas moqué de lui-même.

## *Attention : poison!*

Qui se voit ici incapable de rire, doit s'abstenir de lire!
Car, s'il ne rit pas, le saisit «le Malin».

## *Au paradis*

«Bien et Mal sont les préjugés
De Dieu» — dit le serpent, et de fuir à la hâte.

## Jadis, en l'an un du Salut

Jadis — en l'an un du Salut, j'imagine,
la Sibylle, ivre sans vin, s'écrie :
« Malheur, tout va de travers !
Déclin ! Déclin ! Jamais le monde n'est tombé si bas !
Rome s'est rabaissée au rang de prostituée et de
                                                           courtisane
Le César romain s'est fait bête de troupeau,
et Dieu même — s'est fait juif ! »

## À la vue d'une robe de chambre

Jadis, malgré son accoutrement négligé,
l'Allemand atteignit l'âge de raison,
hélas, il a bien changé !
Boutonné dans des costumes sévères
il a confié à son tailleur,
à son Bismarck — le soin de son esprit !

## Chants et sentences

Le rythme au commencement, à la fin la rime,
et pour âme toujours la musique :

un tel gazouillement divin,
cela se nomme chant. Plus brièvement dit,
chant signifie : « Parole pour musique ».
Une sentence a un autre domaine :
elle peut railler, délirer, bondir,
jamais une sentence ne sait chanter ;
sentence signifie : « sens privé de chant ».

Oserai-je vous donner des deux ?

# Fragments poétiques

1884-1885

*Dédié à tous les créateurs*

Inséparablement
Soyons de ce monde !
L'éternel masculin [1]
Nous y retient.


*Méchanceté solaire*

Dans l'air éclairci,
Lorsque déjà la rosée verse,
Invisible et sans bruit,
Sa consolation sur la terre — car la rosée
Porte, comme tous les doux consolateurs, chaussure
                                                          délicate
Te souviens-tu alors, te souviens-tu
Combien tu fus assoiffé,
Combien aride et lasse, ta soif languissait

Que de célestes gouttes lui fussent distillées ;
En attendant, à travers des arbres noirs,
Des rayons de soleil crépusculaires couraient silencieux
Autour de toi, sur des sentiers d'herbe douce,
D'aveuglantes braises solaires posaient sur toi leurs regards
Mais le soleil, muet, t'interrogeait :
Quel masque portes-tu, fou,
Un masque déchiré ?
Le masque d'un dieu ? À quel visage l'as-tu arraché
N'as-tu pas honte, parmi les hommes, que ton flair
                              envieux
Renifle les traces des dieux ?
Et si souvent !

L'amant de la vérité ? ainsi gémissais-je
Non ! Rien qu'un poète !
Avide de masques, travesti de lui-même.
Masque déchiré de lui-même ! Porteur de masques divins !

Dans l'air éclairci,
lorsque déjà le croissant de lune
vert parmi les pourpres
et envieux se glisse
— faucillant à chaque pas plus intime
des hamacs de roses
jusqu'à ce qu'elles sombrent
déclinent en pâleur de nuit qui s'estompe
il rougit alors davantage.

il est là plus rouge encore
honteux d'une mauvaise action

\*

Le désert croît : malheur à qui devient désert !
Le désert, c'est la faim qui ronge après la mort.
Comme si la source et les palmiers se bâtissaient ici des
                                                    nids
Le désert aux dents de dragon mâche et remâche
Car le sable est dent contre dent, cette torture goinfre
Met ici comme des mâchoires pierre sur pierre
broie éternellement ici
Mâchoires jamais lasses
Faim goinfre qui moud ici dent contre dent
Le désert aux dents de dragon
Le sable est denture, blé des mâchoires de dragon
Qui broie et broie — qui se broie, jamais fourbu
Le sable est une mère qui dévore son enfant
Un poignard volant fiché dans la peau.

## *Arbre en automne*

Pourquoi m'avoir bousculé rustauds balourds
Dans ma bienheureuse cécité :
Jamais un effroi ne m'a plus cruellement bouleversé
— Mon rêve, mon rêve doré s'est enfui !

Rhinocéros aux trompes d'éléphant
Ne frappe-t-on pas d'abord, poliment : toc ! toc ?
D'effroi je vous ai jeté la corbeille
De fruits mûrs — à la tête.

\*

Au loin le tonnerre étend son grondement sur la
                                                campagne
La pluie tombe goutte à goutte :
Bavarde dès l'aube, la pédante,
À qui rien ne fermera le bec.
Le jour me lorgne méchamment,
Éteint ma lampe !
Oh nuit tu es bonne ! Oh solitude !
Oh livre ! Oh encrier !
Désormais tout m'est pénible et gris

\*

Maintenant que le jour
S'est lassé du jour et qu'une consolation neuve
Fait murmurer les ruisseaux de tous les désirs,
que tous les ciels aussi, tendus de toiles d'araignée dorées,
répètent à tous ceux qui sont las : « reposez-vous
                                         maintenant »
que ne t'apaises-tu, toi sombre cœur,
qu'est-ce qui t'aiguillonne dans ta fuite, les pieds en sang

qu'espères-tu ?

toi, désespéré ! Sais-tu aussi
combien tu donnes courage à ceux qui
regardent vers toi

Oh comme tu te plains ! où fuirai-je ?
Hélas qui fais-tu paître !
Ce sont des prisonniers encore que tu mènes paître.
Quelle sécurité pour les instables
pourtant qu'une prison !
de quel sommeil paisible dorment les âmes
criminelles, une fois emprisonnées

Maintenant que la souris a accouché d'une montagne

En quoi es-tu créateur ?

Oh réchauffez-moi ! aimez-moi
tendez-moi des mains chaleureuses
ne vous effrayez pas malgré mon froid glacial !
Trop longtemps fantomatique sur les glaciers.

Ballotté ici et là, emporté par un tourbillon
sur quel miroir ne me suis-je pas posé
moi, poussière sur toutes les surfaces

hors de soi, tant il est dévoué
semblable à un chien

Creux, caverneux, plein de souffles empoisonnés et de
                              battements d'ailes
nocturnes
entouré de chants et d'angoisses,
solitaire.

Vous, bandits de grand chemin ! Me voici désormais
                              entre vos mains !

Que voulez-vous comme rançon ?
Exigez beaucoup — c'est le conseil de mon orgueil,
Et soyez brefs — c'est ce que conseille mon autre orgueil.

Immobile, je gis
étendu de tout mon long,
Tel un moribond à qui l'on réchauffe les pieds
— les cafards ont peur de moi

Vous me craignez ? Vous *ne* craignez *pas* l'arc bandé ?
Prenez garde, quelqu'un pourrait y mettre sa flèche

*

Voici que désormais tout m'est donné
L'aigle de mon espoir a découvert
Une Grèce pure et neuve
Salut de l'ouïe et des sens[1].

Quittant l'étouffante cacophonie allemande
Pour Mozart, Rossini et Chopin
Je vois ton navire, Orphée allemand,
Virer de bord vers des rivages grecs[2].

Oh n'hésite pas à mettre le cap de ton désir
Vers les terres du Midi,
Les Îles des Bienheureux, le jeu des Nymphes grecques
Aucun navire jamais n'eut un but si beau.

Voici que désormais tout m'est donné
Tout ce que mon aigle pour moi découvrit — :

Malgré tant d'espoirs déjà ternis.
— Tes accents me percent telles des flèches
Salut de l'ouïe et des sens
Qui me nimbent telle une rosée venue du ciel

Les sons qui me nimbèrent de leur rosée

Allons, que sur les rives de la Grèce
Le plus beau des navires, celui des Muses, mette le cap.

## *Arthur Schopenhauer*

Ce qu'il a enseigné est démoli
Ce qu'il a vécu restera inaboli :
Prenez l'exemple sur lui !
À nul maître il ne s'est soumis !

\*

C'est l'amour qui m'ordonne de l'accompagner,
L'amour ardemment désiré !

## *Moutons*

Voyez l'aigle ! Raidi de convoitise
fixant l'abîme sous lui,

son abîme qui se creuse alors
en spirales toujours plus profondes !
Soudain son vol se fige raide,
trait rectiligne,
il fond sur sa proie.
Croyez-vous vraiment que c'est la *faim* ?
Misère des entrailles ?
Et ce n'est pas de l'amour non plus
— qu'est-ce qu'un mouton pour un aigle !
*il hait les moutons*
Moi aussi je fonds
là en bas, plein de convoitise,
sur ces troupeaux d'agneaux
les déchirant, ruisselant de leur sang,
Je méprise ces êtres paisibles
J'enrage contre cette bêtise d'agneaux[1].


## *Quand on aime les méchants*


Vous me craignez ?
Vous craignez l'arc bandé ?
Prenez garde, quelqu'un pourrait y mettre sa flèche !

Hélas, mes amis ?
Où chercher ce qu'on tenait pour bon !
Où chercher tous les « bons » !
Où donc l'innocence de tous ces mensonges !
Ceux qui naguère virent en l'homme
aussi bien un Dieu qu'un bouc

> Le poète qui sait mentir
> sciemment et consciemment,
> Lui seul peut dire la vérité

« L'homme est méchant »
ainsi parlaient même les plus sages
pour me consoler.

Beaux et sains comme le péché
tels des fauves au pelage tacheté

qui, tels les félins et les brigands,
est chez lui dans le maquis,
et saute par la fenêtre

ce qui rend figé, coi, froid, lisse,
ce qui change en statue et en colonne,
ce qu'on dresse devant les temples,
ce qu'on offre en spectacle
— vertu — ?

\*

L'amant de la vérité ? L'as-tu vu ?
Figé, coi, froid, lisse,
Devenu statue et colonne, dressé
Devant les temples — dis,
C'est cela qui te fait envie ?
Non, ce sont des masques que tu cherches
Et des peaux couleur d'arc-en-ciel
Exubérance de chat sauvage sautant par la fenêtre

vers le maquis de tous les hasards!
Non, c'est une forêt vierge qu'il te faut,
pour laper ton miel,
beau et sain comme le péché,
tel un fauve au pelage tacheté.

## *Ceux qui sont fatigués du monde*

Des époques plus pensantes, des époques à la pensée plus
                                                         éclatée
que ne le sont notre aujourd'hui et notre hier

privés de femmes, mal nourris
et contemplant leur nombril
— héros de la saleté
Malodorants!
C'est ainsi qu'il se sont inventé le plaisir de Dieu

sous un ciel couvert
lorsqu'on lance des traits et des pensées de mort
contre son ennemi, ils calomnièrent alors les gens heureux

ils aiment hélas! et ne sont pas aimés
ils se déchirent eux-mêmes,
car personne ne veut les entourer de ses bras.

vous autres désespérés! quel courage
ne donnez-vous pas à ceux qui vous regardent!

ils ont désappris de manger de la viande
et de jouer avec des petites femmes

— ils s'affligent outre mesure.

quelle sécurité pour les instables
qu'une prison même!
De quel paisible sommeil dorment les âmes
des criminels emprisonnés!
La conscience ne torture que
les consciencieux!

## *Par-delà le temps*

Cette époque est comme une bonne femme malade
laissez-la simplement crier, se répandre en invectives,
                                                     tempêter
et briser tables et assiettes.

ballottés ici et là, emportés par un tourbillon
— sur toutes les surfaces, vous vous êtes posés déjà,
sur tous les miroirs inutiles vous avez déjà dormi
— poussière.

chez ceux-là, c'est en donnant des raisons qu'on éveille
                                                leur méfiance,
mais avec des gestes sublimes qu'on emporte leur
                                                      conviction.

Arrière! Vous me suivez de trop près!
Arrière, que ma vérité ne vous écrase pas la tête en vous
marchant dessus!

excitables comme des peuples séniles
pour ce qui concerne le cerveau et les parties honteuses

hors de soi, comme le chien, par dévouement.

\*

Il s'éleva un cri vers minuit
— cela venait du désert

## *Éloge de la misère*

Aux forçats de la richesse
dont les pensées font un cliquetis glaçant
mon chant s'adresse

\*

Oh l'heureuse époque qui maintenant fleurit pour moi
Oh fastueuse et grande saison
Du Nord au Sud
Les hôtes divins — étrangers et inconnus,
les sans-nom
Vous hôtes royaux et divins
Du plus haut se déverse sur moi votre annonciation
Pareille à un parfum

Pareille aux vents pleins de pressentiments,
Du Nord au Sud s'élance
Mon cœur dont la fête fleurit

L'ermite ne doit plus rester solitaire !

Le temps est proche, la fastueuse et belle et grande saison,
où mes hôtes viendront — mitan de l'année,
et je suis alors pareil à l'amant
dont le désir dénombre les heures
qui guette, debout, et observe, inquiet et ravi,
jusqu'au moment où, étouffé par la pièce exiguë,
il se lance dans la sombre ruelle du hasard
— Et quand le vent frappe la nuit à la fenêtre,
Réveillant méchamment les dormeurs de ses rameaux
                                        fleuris.


*Le poète — Torture du créateur*


Ah, bandits de grand chemin ! &lt;Me&gt; voici entre vos mains
Que voulez-vous, une rançon ?
Exigez beaucoup — c'est ce que vous conseille mon
                                        orgueil —
et soyez brefs : c'est ce que vous conseille
mon autre orgueil
J'aime à donner des conseils : cela me lasse facilement

où fuirai-je ?

Immobile, je gis,
étendu de tout mon long

Tel un moribond à qui l'on réchauffait les pieds
— les cafards craignent mon silence
— j'attends

Je bénis toute chose
Feuillage, herbe, bonheur, bénédiction et pluie.

\*

Les choses ne sont-elles pas faites
pointues, pour des pieds de danseur
lentement, comme des lourdauds,
un homme après l'autre passe

\*

Creux, caverneux, plein de battements d'ailes nocturnes
Entouré de chants et d'angoisses

\*

C'est là que je me tenais, regardant, regardant — mais dehors !
Mes doigts jouant dans le bouquet flétri
Et lorsque des larmes coulaient de mes paupières
Curieuses et pudiques : hélas pour qui donc versées !

*

La nuit — qui frappe à ma fenêtre ?

## *L'offrande du miel*

Apportez-moi du miel, frais et glacés, des rayons de miel
doré !
Avec du miel je ferai offrande à tout ce qui donne ici,
Ce qui accorde, ce qui est bonté — : haut les cœurs !

*

Toi qui jaloux, la nuit, guettes mon souffle
et voudrais te glisser dans mes rêves

*

Jadis — comme est lointain ce jadis ! hélas ! et combien
doux
rien que le mot
« Jadis », tel un son de cloche égaré,
puis venaient le jour, le devoir, le soc,
le mugissement du taureau

\*

Oh, vous qui jouez,
Vous, enfants dans la forêt, vous qui riez,
Ne fuyez pas — non ! protégez-moi,
Cachez le gibier traqué
Restez, écoutez ! Car, qui me traque
depuis le matin gris, qui me traque par tous les halliers de
               folie,
sont-ce des chasseurs ? Des bandits de grand chemin ?
              Des pensées ?

Je ne sais encore,
mais voir des enfants
et des jeux d'enfants


\*


Le plus beau corps — un voile seulement,
Où pudiquement se voile — quelque chose de plus beau


## *À Hafiz*

### Question d'un buveur d'eau


La buvette que tu t'es construite
est plus grande que tou\<te\> maison,
Les boissons que tu y as distillées

le monde ne les épuisera pas.
L'oiseau qui jadis fut Phénix,
est à demeure ton hôte,
La souris, qui accouche d'une montagne,
celle-là — c'est toi presque!
Tu es tous et personne, tu es la buvette et le vin,
Tu es Phénix, montagne et souris,
Tu t'enfonces éternellement en toi-même,
T'envoles éternellement hors de toi —
Tu es le vertige de toutes les hauteurs,
La lumière de tous les abîmes,
L'ivresse de tous ceux qui sont ivres
à quoi bon, pourquoi *te* donner *à toi* — du vin[1]?

\*

Ainsi parlait une femme pleine de timidité
Me disant au petit matin :
« Tu es déjà heureux dans la sobriété
Quel bonheur quand tu seras — ivre ! »

\*

Celui qui ne sait pas rire, ici ne doit pas lire !
Car, s'il ne rit pas, le « malin » l'emportera.

## *En contemplant une robe de chambre*

Si jamais, malgré ses dehors négligés,
L'Allemand est parvenu au bon sens,
Hélas, les temps ont bien changé !
Engoncé dans des costumes stricts
Il a abandonné à son tailleur,
À Bismarck — son bon sens !


## *À Richard Wagner* [1]

Toi qui as souffert de tous les liens,
Esprit tourmenté, épris de liberté,
Vainqueur davantage et davantage enchaîné,
Dégoûté toujours plus et toujours plus écorché,
Au point que dans tout baume tu buvais le poison
Hélas ! Toi aussi tu t'es effondré au pied de la *Croix* !
Toi aussi ! Même toi — un miraculé !

Je m'arrête longtemps devant ce spectacle,
Flairant prison, chagrin, rage, cage
Et, au milieu, nuées d'encens, parfum de prostituées
                                          bigotes,
Ce qui m'effraie :
Je jette en l'air en dansant ma marotte au fou !
Car j'en ai réchappé

## À Spinoza[1]

Amoureusement dévoué à l'« Un en tout »,
Un « amor dei », bienheureux, par raison
Pieds nus ! Terre trois fois bénie !...
Pourtant sous cet amour couvait
La braise dévorante et secrète de la vengeance :
— Haine d'un Juif rongeant le Dieu des Juifs !
— Solitaire, t'ai-je bien deviné ?

## À de faux amis

Tu as volé, ton œil n'est pas pur
Tu n'as volé qu'une seule pensée ? — Non,
Qui oserait être aussi insolemment modeste !
Prends encore cette poignée
Prends tout ce qui est mien
Et puisses-tu, porc, te gaver de *pureté* !

## Accent romain

Seulement allemand, non pas teuton ! C'est ce que veut aujourd'hui la mode.
Seulement envers le Pape, elle reste — *dure* !

## Le « pur allemand »

« *Ô peuple des meilleurs tartuffes*
Je te reste fidèle, pour sûr »
— Dit-il, et sur le premier bateau
Il s'embarqua pour Cosmopolis

## Le nouveau Testament

Cela, le grand Livre sacré des prières,
Le livre des joies et des peines ?
— Mais que porte-t-il au frontispice ?
L'adultère de Dieu !

## Devinette

Devinez donc ce que cache ce mot :
« La femme *invente*, tandis que l'homme *découvre*… »

## *L'ermite parle*

*Avoir* des idées ? Bon ! — alors elles seront ma possession.
Mais se *faire* des idées, — cela j'y ai renoncé !
Qui se fait des idées — celui-là est dominé,
Et servir, je ne le veux jamais, au grand jamais.

## *Résolution*

Je serai sage, car cela *me* plaît,
Et suivant mon propre commandement.
Je loue Dieu d'avoir créé le monde
Aussi bête que possible.

Et si moi, je vais mon chemin
Aussi tordu qu'il est possible,
C'est que le plus sage a commencé là
Et que là le fou — s'est arrêté.

Toutes les sources éternelles
Jaillissent éternellement.
Dieu même — a-t-il seulement commencé ?
Dieu même — ne commence-t-il pas sans cesse ?

## Le voyageur

Un voyageur va dans la nuit
D'un bon pas ;
Et le sinueux vallon, et la longue montée
Il les accueille.
La nuit est belle
Il force le pas et ne s'arrête jamais,
Ne sait où son chemin le mènera.

Voici que dans la nuit chante un oiseau :
« Hélas, oiseau, qu'as-tu fait ?
Pourquoi gênes-tu mon cœur et mon pas,
En me glissant ton doux chagrin à l'oreille,
Et me forces-tu à m'arrêter
À écouter...
Pourquoi me *charmes*-tu par ce chant, par le salut ? »

L'oiseau, bienveillant, se tait, puis dit :
« Non, voyageur, non ! Ce n'est pas toi que je veux
                                                          charmer
Par mes chants insistants
C'est ma femelle là-haut dans les airs
Que t'importe ?
Seul, je ne trouve pas la nuit belle,
Que t'importe ? Car toi tu dois marcher
Sans jamais, jamais t'arrêter

Que restes-tu planté là ?
Que t'a fait mon chant de flûte,
Toi l'errant ? »

L'oiseau, bienveillant, se tut ; il se disait :
« Que lui importe mon chant de flûte ?
Pourquoi reste-t-il encore planté là ?
Le pauvre, le pauvre errant ! »

## *Dans le novembre allemand*

Voici l'automne : il — finira par te briser le cœur !
Prends ton vol ! Prends ton vol !
Le soleil glisse au flanc de la montagne
Il monte, il monte,
Et se repose à chaque pas.

Comme le monde est fané !
Sur des fils mollement tendus
Le vent joue son air.
L'espoir a fui
Et sa plainte court après lui.

Voici l'automne : il — finira par te briser le cœur.
Prends ton vol ! Prends ton vol !
Ô fruit de l'arbre,
Tu frémis, tu tombes ?
Quel secret t'enseigna la nuit
Pour qu'un frisson glacé ride ta joue
Ta joue empourprée ?

Tu te tais, tu ne réponds pas ?
Qui parle encore ?...

Voici l'automne : il — finira par te briser le cœur ?
Prends ton vol ! Prends ton vol !
« Je ne suis pas belle
— dit la reine-marguerite
Mais j'aime les hommes
Je console les hommes
Il faut qu'ils voient encore des fleurs
Qu'ils se penchent sur moi,
Hélas, et me cueillent ;
Dans leurs yeux s'allume alors
Le souvenir
*Le souvenir de fleurs plus belles que moi* :
— je le vois, je le vois — et meurs ainsi. »

Voici l'automne : il — finira par te briser le cœur !
Prends ton vol ! Prends ton vol !

## *Au bord du glacier*

Vers midi, quand l'été commence
À gravir la montagne,
Adolescent aux yeux fatigués et brûlants :
Il parle aussi,
Mais sa parole — nous ne pouvons que la *voir*.
Son souffle s'exhale comme on voit par une nuit de fièvre
Sourdre l'haleine d'un malade.

Cimes glacées, sapins, sources
Lui répondent aussi,
Mais nous ne pouvons que voir leur réponse.
Car voici que plus vite le torrent dévale le rocher,
En guise de salut,
Et demeure immobile, colonne blanche frémissante
De désir.
Et le sapin prend un air plus sombre et plus fidèle
Que jamais.
Entre les glaces et les blocs mortuaires
Soudain éclate un rayon...
J'ai déjà l'un de ces rayons : j'en sais le sens.

L'œil d'un mort aussi
S'éclaire une dernière fois,
Quand son enfant plein d'affliction
Le serre, l'embrasse, l'étreint :
Une dernière fois alors jaillit
La flamme de la lumière, l'œil mort
S'embrase et dit : « Mon enfant !
Mon enfant, je t'aime, tu le sais ! »

Et tout s'embrase et se met à parler — cimes glacées,
Torrent, sapin —
Tout dit, du regard, les mêmes mots :
« Nous t'aimons !
Enfant, tu le sais, nous t'aimons, nous t'aimons ! »

Et lui,
L'adolescent aux yeux fatigués et brûlants
Les baise, plein d'affliction.
Toujours plus ardemment,
Et ne peut se résoudre à partir ;

Ses mots ne sont qu'un souffle, qu'un voile
Sur ses lèvres
Ses mots cruels :
« Mon salut est un adieu
ma venue un départ,
je meurs jeune. »

Tout, alentour, tend l'oreille,
Respire à peine :
Plus un oiseau ne chante.
Alors, comme un scintillement,
Un frisson
Parcourt la montagne.
Tout, alentour, médite
Et se tait...

C'était à midi
À midi quand l'été commence
À gravir la montagne,
Adolescent aux yeux fatigués et brûlants.

« *Le voyageur et son ombre* »
Un livre

Plus de retour possible ? Et nulle part où avancer ?
Même pour le chamois pas de passage ?

Alors j'attends ici, et *j'étreins* fermement
Ce que l'œil et la main peuvent saisir !

Cinq pieds de terre, l'aurore qui point,
Et, *au-dessous de moi* — l'univers, l'homme et la mort!


## *Yorick tzigane*[1]


Là-bas le gibet, ici la corde,
Et la rousse barbe du bourreau
Populace assemblée, regards venimeux
Rien de nouveau pour ceux de mon espèce!
J'ai connu cent fois ce chemin,
Et vous crie en vous riant au nez :
En vain, en vain, vous me pendrez!
Mourir? Mourir, je ne peux pas!

Gueux que vous êtes! Vous pouvez bien être jaloux
Car j'ai eu ce que — jamais vous n'obtiendrez :
Je souffre, je souffre, il est vrai
Mais vous — vous mourez, vous mourez!
Même après cent exécutions,
Je suis souffle, buée et lumière
En vain, en vain, vous me pendrez!
Mourir? Mourir, je ne peux pas!

Jadis, dans la lointaine Espagne,
Au son des castagnettes, *le* chant résonne en moi,
La lanterne éclairait sourdement
Le chanteur était clair, joyeux, effronté.
Joyeux, je me suis moqué de mes méchants ennemis
Avec un sarcasme voluptueux :

Si ma malédiction ne peut vous délivrer,
Un clair chant de joie le fera.


### *Yorick-Colomb*


Amie, dit Colomb, plus jamais
N'aie confiance en un Génois !
Il regarde toujours vers un ailleurs
Le plus lointain l'attire par trop !

C'est le plus étranger qui à présent m'est cher !
Gênes — a sombré, a disparu
Reste froid, mon cœur ! La main ferme sur la barre !
Et devant moi, la mer — et une terre ? — une terre ?

C'est là que j'irai — et me fierai
À l'avenir à moi seul et à ma poigne.
La mer s'ouvre devant moi, vers l'ailleurs
Pousse ma nef génoise.

Tout m'est sans cesse plus nouveau,
Loin devant moi brillent espace et temps
Et le plus beau de tous les monstres,
L'Éternité, me sourit.

## *L'esprit libre*

*Adieu*
« Les corneilles en coassant
Gagnent la ville d'un vol bruissant :
Il va bientôt neiger
Malheur à celui qui n'a plus de — patrie !

Te voici maintenant planté là, figé,
Tu regardes en arrière ! hélas depuis combien de temps
déjà ?
Quel fou es-tu pour t'être jeté
Par peur de l'hiver — dans le monde ?

Le monde — porte ouverte
Sur mille déserts muets et froids !
Qui a perdu
Ce que tu as perdu, ne peut faire halte nulle part.

Te voici maintenant, blafard,
condamné à cette errance hivernale,
Pareil à la fumée,
Toujours en quête de ciels plus froids.

Vole, oiseau, fredonne
Ton chant sur le mode de l'oiseau du désert !
Cache bien, fou, ton cœur qui saigne,
Sous le sarcasme et les frimas !

Les corneilles, en coassant,
Gagnent la ville d'un vol bruissant :
Il va bientôt neiger,
Malheur à celui qui n'a plus de patrie ! »

*Réponse*

Dieu lui pardonne !
En voici *un* qui croit que j'ai envie de rentrer
En Allemagne — au chaud,
Dans le bonheur étouffant des petites chambres !

Mon ami, ce qui, ici
Me gêne et me retient, c'est *ton* esprit !
Pitié pour *toi* !
Pitié pour l'esprit tors des Allemands !

*

Je t'aime, catacombe !
Mensonge de marbre !
Vous autres faites que sans cesse mon âme
Se soulage en la plus libre des moqueries.
Mais aujourd'hui je pleure, immobile et debout,
Laissant libre cours à mes pleurs,
Devant toi, image de pierre,
Devant toi, parole qui y fus gravée !

Et — que nul ne le sache
Cette image — je l'ai baisée.
Il est tant d'occasions de baisers,

Depuis quand baise-t-on — l'argile!
Qui donc saura me l'expliquer?
Moi, un obsédé des tombeaux!
Car, je l'avoue, j'ai même baisé
La longue inscription.

\*

Courage, ami Yorick!
Et quand ta *pensée* te tourmente
Comme elle fait en ce moment,
N'appelle pas cela — « Dieu »! Car, loin de là,
Ce n'est jamais que ton propre *enfant*,
*Ta* chair et *ton* sang,
Qui là t'oppresse et te torture,
Ton petit lutin, ton vaurien!
— Vois quel bien lui fait le *fouet*!

Bref, ami Yorick, laisse là
Ta sombre philosophie — et laisse-moi
Te glisser à l'oreille une maxime
Qui guérit, une recette maison
— *mon* remède à moi contre ce spleen — :
« Qui aime bien son Dieu le châtie bien. »

\*

Là-bas le gibet, ici la corde,
Ici le bourreau et ses suppôts,

Nez rougis, regard de venin
Noble barbe du confesseur :
Je vous connais de cent façons
J'aime à vous cracher à la figure
Pourquoi me pendre ?
Mourir ? Je n'ai pas appris à — mourir.

Gueux que vous êtes ! Vous pouvez bien être jaloux
Car j'ai eu ce que — jamais vous n'obtiendrez.
Je souffre, je souffre, il est vrai,
Mais vous — vous mourez, vous mourez !
Même après cent exécutions.
Je me retrouve à la lumière
Pourquoi me pendre ?
Mourir ? Je n'ai pas appris à — mourir.

Ainsi, dans la lointaine Espagne,
Au son des castagnettes, j'entendais ce chant.
La lanterne éclairait sourdement
Le chanteur était clair, joyeux, effronté.
Quand l'oreille aux aguets, je sombrai
Dans les abîmes de mes plus profondes eaux,
Il me sembla que je dormais, dormais,
Sauvé pour l'éternité, malade pour l'éternité.

\*

Le malheur rejoint le fugitif — et, soit
Tourment doré d'une main mendiante,
Soit tristesse de qui éternellement dispense :
Le malheur a saisi le fugitif — et fût-ce

Sans souci, lui-même sans mémoire
Il a jeté au loin les perles

Ce qui terrasse le vaincu
Ce qui tourne en larmes tout orgueil :
Figure inquiétante,
Jettes-tu les perles dans le sable
La mer les engouffre dans sa gueule !
De quoi la vie est-elle redevable à celui qui est prodigue.

\*

Le jour s'estompe, bonheur et lumière se dorent,
Midi est lointain.
Combien de temps encore ! Alors se lèvent lune, étoiles
Et vent et givre : désormais je ne tarde plus davantage
Tel un fruit qu'un souffle détache de l'arbre.

\*

Les vagues montent de plus en plus haut : bientôt ma
                            nacelle ne sera plus à sec
Celui qui donne des ailes même aux ânes et trait les
                                                 lionnes
À l'heure où midi repose sur la campagne : nul berger ne
                                          joue de la flûte
Chants du Dieu inconnu
Silence dépouillé de nuages (les Alpes s'embrasent)
(ermite)
Chiens doucereux

\*

Zarathoustra : je suis si débordant de bonheur, et je n'ai personne à qui donner, ni même quelqu'un à remercier. Aussi laissez-moi, mes animaux, vous témoigner de la reconnaissance.

1. Zarathoustra remerciant ses animaux et les préparant à recevoir des hôtes. Patience domestique de celui qui attend et profonde confiance en ses amis.
2. Les hôtes comme tentation d'abandonner la solitude : je ne suis pas venu pour soulager celui qui souffre, etc. (peinture fran<çaise>)
3. le pieux et saint ermite.
4. Zarathoustra envoie ses animaux en ambassade. Seul, sans *prière*, — et sans les animaux.
Tension suprême !
5. « il viennent ! » Tandis que l'aigle et le serpent parlent, le lion vient les rejoindre — il pleure !

Adieu à la caverne, pour toujours. (Une sorte de cortège solennel !) Il va au-devant avec les 4 animaux, jusqu'à la ville.

## *Le chasseur sauvage*

Toi, vent de la nuit dans les ravines, que dis-tu ?

*

Le mal du pays, non pas vis-à-vis d'un pays, non pas vis-à-vis d'une maison familiale et d'une patrie, car je n'ai ni l'un ni l'autre : mais le mal de n'avoir pas de pays.

*

Vous êtes aujourd'hui les hommes supérieurs, l'homme pieux, dont le Dieu est mort, l'homme qui déborde de générosité à l'époque de la populace, le voyageur sans but et sans retour au pays, le savant et le consciencieux,

l'enchanteur désenchanté, qui se brise à cause de lui-même, le roi dans sa pourpre qui est zéro et vaut dix
Vous autres rois drapés de pourpre, qui êtes votre propre zéro et valez dix, vous les consciencieux de l'esprit
Sans argent aussi, ô Zarathoustra, sans argent aussi !
Rien ne rend plus laid que de n'avoir pas d'argent !

Soyons tous ensemble des êtres joyeux et bons : et pour ce qui est de Dieu, ô hommes supérieurs, puisse — le diable l'emporter !

*

Quand la grand-peur surprend le solitaire, quand il marche, marche, sans savoir vers où !
Quand de terribles orages grondent, quand la foudre témoigne contre lui, quand sa caverne l'effraie avec ses fantômes

Soit dit aux rimailleurs et aux paresseux : celui qui n'a rien à créer, un rien le pousse à créer.

*

La provocation joyeuse de ces hommes supérieurs est venue à lui comme un vent de dégel ; sa dureté a fondu. Son cœur a tremblé jusqu'en sa racine.

\*

Ici l'avenir tourne en cercle, ici l'abîme est béant, ici le chien des enfers, ouvrant la gueule, aboie, ici le plus sage est pris de vertige.

\*

Et de nouveau s'écoulèrent les lunes et les années, et les cheveux de Zarathoustra blanchirent, mais Zarathoustra, assis dans sa caverne, regardait au-dehors, il n'apercevait pas le temps. Le monde avait-il oublié Zarathoustra : avait-il lui aussi oublié le monde ?

Ne vous approchez pas de moi de trop près si vous voulez vous réchauffer contre moi — ou autrement vous pourriez vous brûler le cœur. Je suis bouillant et je contrains à peine mes flammes à ne pas bondir hors de mon corps.

On t'a lié les pattes, à présent tu ne peux pas griffer, toi chatte griffeuse !
avec des épées assoiffées, desséchées, qui ont trop longtemps brillé contre le mur et
— avec des épées pareilles à des serpents tachetés de rouge

## *L'enchanteur*

Je suis las ; en vain j'ai cherché ma vie durant un grand homme. Mais il n'y a plus même Zarathoustra.
Je te reconnais, dit Zarathoustra gravement, tu es pour tous l'enchanteur, mais il me semble que tu as récolté le dégoût pour toi seul.
Cela t'honore de chercher la grandeur, mais cela te trahit aussi : tu n'es pas grand.
Qui es-tu ? dit-il avec effroi et haine dans le regard, qui oses me parler ainsi ?
Ta mauvaise conscience — répondit Zarathoustra, et il tourna le dos à l'enchanteur

\*

Mort dans la vie, enterré dans le bonheur, — celui qui ainsi [...] combien de fois encore doit-il ressusciter !
Oh bonheur, j'ai accédé à ma propre surface par la haine

120

et l'amour ; je suis resté trop longtemps suspendu dans une lourde atmosphère de haine et d'amour : cette lourde atmosphère m'a poussé et tiré comme un ballon Serein, comme qui savoure par avance sa mort.
Le monde ne vient-il pas de s'arrêter, silencieux ? Le silence m'enveloppe comme de branchages et de feuillages sombres,
Veux-tu chanter, ô mon âme ? Mais ceci est l'heure où nul berger ne joue de la flûte. Midi dort sur les champs. Le deuil doré de tous ceux qui ont goûté à trop de bonnes choses.

*

Combien de temps ai-je dormi profondément ? Combien plus longtemps osé-je à présent m'éveiller tout à fait !

*

Dans Zarathoustra 4 : la grande pensée comme *tête de Méduse* : tous les traits du monde se pétrifient, une agonie glacée.

*

Parles-tu de toi ou de moi ? Mais que ce soit moi ou toi que tu trahisses, tu appartiens aux traîtres, toi, le poète !

— impudique à l'égard de ce que tu as vécu, exploitant ton expérience, livrant ce que tu as de plus cher à des yeux indiscrets, versant ton sang dans toutes les coupes sèches vidées par leurs buveurs, toi le plus vain !

\*

Où veux-tu aller ? demanda-t-il à haute voix, et sa voix lui revint étrangère et transformée. — « Je ne le sais pas »
Et tes animaux — où sont tes animaux ?
Ô Zarathoustra, désormais aucun de ceux que tu aimes ne vit plus ! — il se jeta à terre, cria de douleur et enfonça ses mains dans le sol.

Et tout était vain !

\*

*Le lion rieur* — « il y a encore deux lunes, mon cœur se serait soulevé de voir cela »

\*

Zarathoustra *brise* son cœur contre ses amis
                             contre ses animaux.
                             contre tout ce qu'il a aimé
                             *tout entier volonté de midi.*
Fin : **Dithyrambe de son cœur qui se brise.**

\*

Ainsi Zarathoustra se leva comme un soleil du matin qui surgit des montagnes : ardent et fort, il s'avance — jusqu'au grand midi auquel son cœur aspire, puis il descend vers son déclin.

\*

Comme le berger regarde par-dessus les dos grouillants des troupeaux de moutons : une mer de petites vagues grises qui grouillent.
En criant je frappe contre la jetée de votre platitude, en crissant comme une vague sauvage, qui mord le sable à contrecœur
Des chiens doucereux cajoleurs
Complaisants, lascifs, oublieux : aucun d'eux n'est loin d'une putain.
Enthousiastes pour les légumes verts, et se retenant des plaisirs de la viande ces choses sont délicates : comment osez-vous y toucher avec des sabots de mouton ? Tout mot n'appartient pas à votre bouche : mais malheur à cette époque malade, infirme ! Malheur à la grande épidémie de gueules et de sabots.
Creux, caverne, pleins d'oiseaux de nuit,
entourés de chants et enveloppés de peur
« ces poètes ! ils se fardent encore quand ils se montrent nus à leur médecin ! » (Et comme Zarathoustra n'avait

pas dit non à ce sujet, mais souriait, voilà que le poète avait déjà vite repris sa harpe dans ses bras et ouvrait grand la bouche pour un nouveau chant.)
Un éclair vert de méchanceté jaillit de ses yeux, il ouvrit la bouche et la ferma de nouveau.
Le soir descend sur la mer : chevauchant de lourdes vagues vertes, il se balance, le nostalgique, sur ses étriers de pourpre
appuyé à la terre, comme un bateau qui est entré fatigué dans son havre : il suffit alors qu'une araignée tende son fil de la terre jusqu'à lui, il n'a pas besoin de rosée plus forte !

\*

Semblable à un vent qui éclaircit tous les ciels et fait mugir toutes les mers, poussés çà et là, soulevés en tourbillons, vous les instables, vous avez dormi quelque jour sur toutes les surfaces, vous, poussière de toutes les vitres et de tous les miroirs inutiles
Il chante : il s'est envolé alors bien au-delà de son malheur même, l'oiseau libre ? Car le malheureux se tait.
Donnez-moi à deviner : avec votre démonstration vous fatiguez l'appétit de mon esprit.
Ils s'inventent l'ennui sacré et le désir des lundis et des jours ouvrables
Ici tourbillonnent et tournoient des choses redoutables, ici bée l'abîme, aboie le chien des enfers qui se nomme Futur, ici l'âme la plus grande sera prise de vertige.
Vous les forçats de la richesse, vos pensées ne cliquettent-elles pas comme de froides chaînes ?

Privés de femmes, mal nourris, contemplant leur nombril et mesurant leur souffle, ceux qui s'ennuient : que pouvaient-ils s'inventer de mieux que le plaisir de Dieu ? Se promenant parmi les pensées les plus lointaines et les plus froides, comme un fantôme sur les toits de l'hiver, à l'époque où la lune repose en sa clarté
Quelqu'un chez qui des ennemis trouvent peu de satisfactions : car il se remet trop vite à rire.
Celui qui est à tu et à toi avec la vertu, lui parle plus familièrement, de façon plus moqueuse.

\*

Zarathoustra : on doit voir son Dieu de loin, c'est ainsi seulement qu'il fait bonne figure. C'est la raison pour laquelle le diable se tient éloigné de Dieu, il est en effet ami de la belle apparence.

\*

*L'enchanteur.*
À genoux devant les vertus et les renoncements, comme la populace, mais singulier devant la grande chasteté face à laquelle j'ai prié et devant laquelle je me suis jeté.
Ce qui m'a été étranger, ce que je n'ai jamais pu connaître, j'en ai parlé avec un grand respect sacré : mes narines ont préféré respirer l'odeur de ce qui m'était impossible
Zarathoustra dit : il doit sans doute y avoir une grande

part de vulgarité en toi : qui y est à l'aise, parle plus familièrement, de façon plus moqueuse.

\*

Ces lourdauds anxieux que leur conscience fait grogner : car ils souffrent toujours de leur bête intérieure.
Par temps couvert, lorsqu'on lance des traits et des pensées de mort contre ses ennemis
Des époques plus pensantes, des époques à la pensée plus éclatée que ne le sont notre aujourd'hui et notre hier
Cette époque : n'est-elle pas comme une femme malade qui doit délirer, crier, vitupérer, briser tables et assiettes pour enfin retrouver son calme ?
Esprits opiniâtres, ténus et mesquins
Oh, comme vous êtes tristes, vous tous ! Oh, que vos bouffons même sont tristes !
Vous les désespérés, que de courage n'inspirez-vous pas à tous ceux qui vous parlent !
C'est pire que vous ne pensez : certain croit mentir et constate qu'alors seulement il touche à la vérité !
Tu es trop riche, ô Zarathoustra, tu en corromps bien trop, tu nous rends tous envieux !
Ils aiment hélas, et ne sont pas aimés ; ils se déchiquettent eux-mêmes, car personne ne veut leur ouvrir les bras. « N'y a-t-il donc rien en moi qui puisse être aimé ? » ainsi s'exclame leur désespoir.
Voici ce à quoi inclinent les âmes mesquines : elles voudraient, flagorneuses, rabaisser la grandeur jusqu'à la faire s'asseoir à la même table qu'elles.

\*

Hélas, ils retombent dans le travers des grands mots et des actions médiocres ! Voilà hélas qu'ils se nomment à nouveau vertueux !

Ils se sont forgé leur Dieu à partir de rien : quoi d'étonnant s'il devient pour eux néant

Vous dites « Hélas, tout est apparence ! » Mais tout est mensonge. Vous dites : « Tout est souffrance et déclin ! » Mais vous n'en dites jamais assez : car tout veut faire souffrir et mener à sa perte !

Sans Dieu, sans biens, sans esprit — nous l'avons inventé, le plus hideux de tous les hommes !

Hélas, mes frères ! Où donc sont le bien et la foi des hommes bons ! Où donc l'innocence de tous ces mensonges !

Maladroit et effarouché, comme un tigre qui vient de rater un bond.

Il perdit l'habitude de manger de la viande et désapprit de jouer avec de petites femmes faciles, il s'afflige outre mesure — autrefois — : ah qu'il est loin cet autrefois ! Même ce mot de « jadis » qu'il est doux, tel un son de cloche égaré au cœur d'épaisses forêts

Eh oui, homme, homme — c'est une longue corde, et Zarathoustra en est le nœud qui y fut noué (le Prophète)

Fable — tel un promeneur perdu dans de lointaines pensées bute contre un chien endormi sur une route déserte : quelle haine ne passe-t-elle pas alors dans les regards qu'échangent ces deux-là, morts de peur ! Et pourtant au fond : il s'en fallait vraiment de peu qu'ils ne se caressent et ne se cajolent !

Le jour s'est éteint, il est temps et plus que temps que nous nous séparions.

\*

Têtes de chardons, coupeurs de cheveux en quatre
trop pressés comme des singes bondissants
entre cercueils et copeaux
chiens enragés et chétive engeance autour de moi
un bain froid : veux-tu y plonger la tête et le cœur ? Tu verras combien vite tu deviendras rouge comme un crabe !
Celui qui est appliqué, fidèle, pour qui le jour vient, clair comme de l'or, et aussitôt s'écoule
ceint d'éternité naissante, et au-dessus de moi un silence sans nuages.
Celui qui donne des ailes aux ânes et qui de ses accusateurs fait ses porte-parole, qui trait des lionnes
les vagues qui m'entourent s'élèvent toujours plus hautes : bientôt mon esquif ne sera plus à sec.
Vous m'avez lié avec des chaînes, mais bourreau et tortionnaire sont les meilleurs arguments de persuasion quand on nous a muselés
ce que vous pensez de moi est mesquin : vous vous vengez de ce que je veuille vous rendre plus grands !
à cette heure où aucun berger ne joue de flûte : car midi dort sur les champs.
Une femme qui veut souffrir de ce qu'elle aime
mendiant volontaire — cette ancienne piété rouée qui disait « donner aux pauvres c'est prêter à Dieu : soyez de bons banquiers ! »

Et si je partageais ta foi, je voudrais avoir aussi ta manière de vivre.
Car sa volonté exigeait le grand midi et son déclin.

\*

Vous dites que je suis quelqu'un qui se sacrifie ? Mais celui qui a jamais offert un sacrifice sait que ce qu'il offrait n'était pas victime.
Un monstre d'abondance et de raison, un dispensateur à mille mains, indifférent alors tel un soleil
Il y eut un jour un homme qui déclara : « je suis la vérité », et jamais on ne répondit à un orgueilleux plus poliment qu'à celui-là.
*Poète* — ma pensée et mon désir s'attachent à peu de chose mais de longue portée : comme je méprise vos petites joliesses passagères !
« Rien n'est vrai, tout est permis », c'est ce que vous dites ? Malheureusement cette formule est donc vraie elle aussi : qu'importe qu'elle soit permise !
Parler par images, danses, sons et silences : car pourquoi y aurait-il un monde, si tout monde ne devenait signe et image !
Les voici ces pesants chats de granit, les valeurs des temps originels : qui serait capable de les renverser !
Un grand homme tel celui qui, pour son ambition, se débarrasse de sa pitié et sait briser son cœur ordinaire : qui ose et exige de lui le sacrifice de bien des gens, de bien des choses, afin que, *lui*, il réussisse
Érigé telle une colonne dans le désert du grand malheur, devenu roide, fixe et pétrifié

tranquille au sein de sa tristesse mordorée comme quelqu'un qui aurait trop goûté à de bonnes choses
mon empire des hommes, mon millenium, mon hazar ne le sais-tu pas ? Dans toute action que tu entreprends l'histoire de tout ce qui est arrivé se répète en raccourci
votre pensée est un contresens, votre humour, un humour conditionnel

\*

Jaloux jusque dans la haine : tu veux garder ton ennemi pour toi tout seul !
Combien peu excitante serait la connaissance s'il n'y avait pour l'atteindre tant de honte à surmonter !
Vous aimez l'utilitaire pour ce qu'il est véhicule de vos penchants : mais le bruit de ses roues n'est-il plus pour vous toujours insupportable ?
La démarche révèle si l'on suit sa propre voie : et celui-là danse qui approche son but.
Vous parlez de votre fidélité : mais c'est votre style sybarite qui refuse que vous quittiez votre lit.
Tu tenais à ta vertu : eh bien, désormais, ne l'appelle plus ta vertu, mais ton goût — c'est d'ailleurs ce qu'exige le bon goût !
Mais Zarathoustra, dit le serpent, toi qui es intelligent comment peux-tu ainsi agir ! C'était une bêtise ! — « Cela m'est d'ailleurs devenu bien assez difficile ».
Ta mauvaise conscience en toi : c'est la voie de ton plus ancien précurseur qui cherche à te persuader. « Péché originel », mon ami, c'est à n'en pas douter une preuve de la vertu héréditaire.

Qu'avez-vous donc à parler encore de hauts sentiments ! La hauteur est un élément où je me sens profondément, solidement et définitivement enraciné dans mon sol et mon fond propre.
Un pédagogue dans l'âme c'est celui qui ne prend toute chose au sérieux que par rapport à son élève, et même sa propre personne.
Avoir de l'esprit ne suffit pas : il faut encore l'assumer et cela exige beaucoup de courage.

*

Oh à propos de ce Dieu étonnant et cruel qui pour vous est « amour » ! lorsque *ce* Dieu *unique* est apparu, l'amour était-il donc encore si peu divin ?
Hommes froids et glacés, ceux dont les folies semblent incroyables
Celui dont le cœur est gentil et affable aime également les escapades : mais malheur aux intransigeants ! c'est une race malade.
La louange n'est-elle pas plus importune que n'importe quel reproche ?
C'est sans raison qu'autrefois vous avez appris à croire cela : comment voulez-vous donc que je renverse cette croyance à coups de raisons !
— « J'aime mon Dieu du fond de l'âme : comment pourrais-je exiger qu'il m'aime en retour ! Il ne *doit* pas être assez foi pour croire en moi ! comme font tous les amants.
À vous qui avez la fièvre, toute chose apparaît tel un fantôme, et à vous qui n'en avez pas comme une ombre

vide : et pourtant les uns comme les autres utilisez les mêmes mots !

— « Je l'ai fait dit ma mémoire », mais mon orgueil ajoute « je n'*ai pu* l'avoir fait » et n'en démord pas. En fin de compte c'est la mémoire qui cède !

Ses yeux sont froids et desséchés ; pour lui, tout est nu, sans couleurs et sans ramage : et vous croyez alors que son impuissance à mentir serait « l'amour de la vérité ! »

Vous avez mal observé la vie si vous n'avez pas vu celui qui de ses mains précautionneuses — *tue* !

Il se remue, regarde autour de lui et se gratte la tête — et vous le qualifiez alors de savant ! Mais être libre de toute fièvre ne signifie pas encore être savant.

\*

Le savant d'aujourd'hui qui enseigne : autrefois Dieu voulait se faire animal : voyez, c'est l'homme : — un Dieu fait animal !

Le grand amour refuse vengeances et représailles, la vengeance s'est noyée dans cette mer du grand amour.

Enseignez-moi enfin : « toute mauvaise chose a de bons côtés. »

Vous tous qui vous noyez, croyez-vous que j'ignore ce que vous souhaiteriez ? vous agripper à un robuste nageur, que je suis moi-même.

Croyez-vous que je veuille rendre les choses plus faciles à l'homme supérieur et lui montrer des chemins plus agréables ? Il faut que de votre espèce en périsse toujours davantage, et je veux apprendre à en rire toujours mieux

Vous seriez encore capables d'entraîner avec vous dans

l'abîme l'homme le plus fort : si aveugles et si bêtes, c'est ainsi que vous vous agrippez à un sauveur !
J'ai appris à voir de plus grands maux et ne suis pas mécontent de vous voir hurler.
Que m'importe votre misère ! Que mon péché soit d'avoir pitié de vous !
Croyez-vous que je sois là pour faire bien ce que vous avez mal fait ?
Je lance alors mes lignes d'or loin dans cette mer sombre : en sifflant, votre flèche vient fouiller le ventre de mon malheur.
J'appâte désormais les plus étranges poissons-hommes et je veux que mon rire mordoré prenne pour cible ce qui là en bas est mal né, né tordu
Ouvre-toi, matrice impure de la folie humaine ! Mer abyssale, rejette sur ma grève tes monstres les plus hauts en couleur, tes crabes étincelants !

\*

Vous malformés, bizarres, malvenus, que m'importerait votre souffrance s'il n'y avait matière à en rire beaucoup !
Avoir pitié de vous — : que ce soit là le seul péché qui me reste
Vous tous qui êtes en train de vous noyer, croyez-vous que j'ignore ce que vous attendez de moi qui me tiens sur ma hauteur : la mer vous enlace et vous entraîne : voulez-vous vous agripper à un robuste nageur ?
Et c'est vrai qu'aveuglément, sauvagement vous faites des pieds et des mains pour saisir un sauveur, si bien que

même le nageur le plus robuste vous l'entraîneriez dans votre abîme !
Je ne fais maintenant qu'en rire : un robuste nageur qui ne vous tend pas même un petit doigt : car si vous le saisissiez, vous lui raviriez la main et le cœur même.
Voilà votre orgueil : que vous viviez, vouliez vivre quand bien même vous seriez ma perte.

## *La Cène*

Ainsi parla le roi et tous s'avancèrent vers Zarathoustra et lui témoignèrent une nouvelle fois leur respect : mais Zarathoustra hocha la tête et les repoussa de la main.
« Bienvenue ici ! dit-il à ses hôtes. Je vous dis, à vous êtres étranges, encore un fois bienvenue ! Mes animaux eux aussi vous saluent, en tout respect en toute crainte : car jamais ils ne virent d'hôtes de si haut rang !
Et pourtant vous n'êtes pas pour moi un médiocre danger — c'est ce que me soufflent mes animaux. « Prends garde à ceux-là qui conduisent au désespoir ! » me dit le serpent sur mon sein ; — pardonnez à son amour pour moi ce timide avertissement !
De ceux qui se noient mon serpent m'entretient en secret : la mer les aspire — ils voudraient alors s'agripper à un nageur robuste.
Et de fait, ceux qui se noient font si aveuglément et si sauvagement des pieds et des mains pour saisir un sauveur, un bon Samaritain, qu'ils entraîneraient avec eux-mêmes le plus fort. Êtes-vous — tels ceux-là qui se noient ?

Je vous tends déjà un petit doigt. Malheur à moi ! Que n'allez-vous me prendre en plus pour vous en emparer ! » Ainsi parla Zarathoustra et il se mit à rire en toute méchanceté et amour, tandis qu'il caressait de sa main le cou de son aigle : *lui*, d'ailleurs, se tenait à ses côtés, hérissé, comme s'il devait protéger Zarathoustra contre ses visiteurs. Mais ensuite, il tendit la main au roi de droite afin qu'il l'embrasse ; et celui-ci recommença, plus hardiment encore

\*

Mais lorsque Zarathoustra, à nouveau joyeux, trouva ses hôtes parlant entre eux, il les quitta et, silencieusement, sortit de sa caverne. « Ils sont heureux, je les ai guéris, dit-il à son âme : que ce jour va finir dans la joie, qui a si mal commencé ! Le soir tombe déjà sur la mer, et se balance, nostalgique, chevauchant sa selle pourpre. Le ciel lance ses rayonnants regards, le monde repose loin dessous : oh, vous tous, êtres étranges, vous qui êtes venus à moi et qui avez eu raison de le faire : car cela vaut la peine de vivre avec moi ! »

C'est ainsi que Zarathoustra s'entretint avec son âme et devint toujours plus silencieux : mais entre-temps les hôtes de Zarathoustra, l'un après l'autre, étaient sortis de la caverne ; et ce qu'ils virent là, dehors, les fit chacun se taire enfin. Ils se tenaient l'un à côté de l'autre, se donnant la main en silence, regardant devant eux : et des profondeurs monta alors secrètement le son de ce vieux et lourd carillon, ce carillon de minuit, le carillon de Zarathoustra, dont il comptait à plaisir les coups et les scandait en cadence ; cette fois-là aussi sa résonance s'alourdissait de désir et de tristesse : — tous alors se sentirent trembler au plus profond d'eux-mêmes. Mais Zarathoustra, qui n'avait aucun mal à deviner tout cela, s'exprima avec autant de méchanceté et d'amour — sans les regarder, plutôt comme quelqu'un qui se parlerait à lui-même, à voix basse, mais suffisamment intelligible — : « Oh, voyez-moi ces gens qui désespèrent ! Oh, voyez-moi ces gens qui désespèrent ! »

Mais dès que ses hôtes entendirent ces mots, ils furent tout d'un coup conscients de leur métamorphose et de leur guérison : ils rirent alors d'eux-mêmes et tous se précipitèrent vers Zarathoustra, reconnaissants, respectueux et aimants ou lui baisant les mains, chacun à sa manière : si bien que certains pleuraient aussi. Le prophète, quant à lui, dansait de plaisir ; et même si, comme certains le pensaient, il avait auparavant été soûl de vin doux, il était sûrement ivre de vie douce et avait congédié toute lassitude de vivre. Zarathoustra porta attention à la manière dont le prophète dansait et le montrait du doigt : mais ensuite, il échappa au cercle de ceux qui pensaient et aimaient, et trouva refuge vers une falaise escarpée qu'il gravit quelque peu en cueillant au cours de son escapade des roses et des boutons de roses. De cette hauteur donc, les mains pleines de roses, il prit la parole pour la dernière fois ce soir-là : il contemplait d'en haut cette mêlée de désespérés que tout désespoir avait quittés, d'hommes qui tout à l'heure se noyaient et qui, maintenant, avaient retrouvé la sécurité de la terre ferme ; il rit à gorge déployée, fit une guirlande de ses roses et tint le discours intitulé :

Le discours des roses

Cette couronne du rieur, cette guirlande de roses : je me la pose moi-même sur la tête ; j'ai moi-même déclaré

saint mon rire. Je n'ai aujourd'hui trouvé personne d'autre qui fût assez fort pour le faire.
Mais comme c'est bien d'être venu à ma caverne pour que vous puissiez voir *une telle chose*! Combien suis-je reconnaissant à votre souci et à votre désir qui vous firent franchir des montagnes et vous adresser au bon endroit pour demander : «Zarathoustra vit-il encore?» <u>Une bonne question est à elle seule la moitié d'une réponse</u>. Et à dire vrai, la meilleure réponse c'est ce qu'ici vous pouvez voir de vos propres yeux : Zarathoustra est encore vivant, et plus que jamais :

— Zarathoustra le danseur, le léger, qui bat des ailes, prêt à l'envol, complice de tous les oiseaux, prêt et dispos, disponible tel un divin insouciant — je me ceins moi-même le front de cette couronne!

— Zarathoustra, prophète de la vérité qu'il proclame, Zarathoustra, prophète muet du silence authentique, ni impatient ni intransigeant, tel un qui aime les sauts et les escapades — je pose moi-même cette couronne sur mon front!

Vous pouvez m'ébranler avec toutes les larmes de la terre et toutes les plaintes humaines : je reprendrai toujours le dessus, comme l'huile sur l'eau.

Et si par hasard j'en voulais à la terre : les étoiles du ciel m'arracheraient ma méchanceté pour la renvoyer sur la terre — voilà toute la vengeance de Zarathoustra.

Et qu'il y ait sur terre marasme et désarroi, toute une mer de tourbe bourbeuse, celui dont les pieds sont légers vole la fange — aussi vite que sur de la glace lisse.

Et si j'avais besoin d'ennemis, si j'étais maintes fois à moi-même mon pire ennemi : des ennemis ne peuvent avec moi entreprendre que fort peu ; je retrouve trop vite mon rire après chaque orage.

Et j'ai eu beau connaître maint désert, mainte contrée sauvage et vide : je ne me suis pas fait ermite au désert ; et ce n'est pas encore que je me tiens stupide, stupéfié, telle une colonne : au contraire — je marche.
La démarche révèle si l'on est déjà sur *son propre* chemin. Eh bien, regardez-moi marcher ! Mais celui dont le but est proche, celui-là — danse !
Torses sont les voies qu'empruntent les bonnes choses lorsqu'elles approchent de leurs buts ; tels des chats, elles font le gros dos, elles ronronnent intérieurement de sentir proche leur bonheur : toutes les bonnes choses rient !
Quel a été le plus grand péché commis sur terre ? Ce fut *le mot* de celui qui a dit : « Malheur à ceux qui ici-bas rient ! »
N'a-t-il lui-même jamais trouvé raison de rire ? C'est qu'il n'a que trop mal cherché : un enfant trouverait là encore de quoi rire. Oh si seulement il avait su lui-même — se trouver !
*Celui-là* — n'aimait pas assez, car il nous aurait aimés nous aussi, les rieurs. Mais il n'avait pour nous que haine et railleries ; des pleurs et des grincements de dents, voilà ce qu'il nous promettait à nous les rieurs !
Lorsqu'on ne l'aimait pas, cet intransigeant, il voulait aussitôt faire bouillir et brûler. Lui-même n'aimait pas assez : car, alors, il aurait moins désiré qu'on — l'aime *lui*.
Fuyez tous ces intransigeants ! C'est une pauvre espèce malade, une espèce populacière. Ils regardent cette vie d'un œil mauvais, ils ont lourds les pieds et le cœur.
Élevez vos cœurs mes frères, haut, plus haut ! mais n'allez pas oublier vos jambes ! lancez aussi vos jambes, beaux danseurs, et mieux encore : mettez-vous aussi sur la tête !
Il y a jusque dans le bonheur d'épaisses brutes, et des

lourdauds de naissance. Ils s'épuisent en d'étranges efforts ces bienheureux, semblables à un éléphant qui tente de se tenir sur la tête.
Mais il est toujours mieux d'être fou de bonheur que fou de malheur!
Mieux de danser gauchement que marcher en boitant!
Alors venez donc apprendre ma sagesse : « Toute chose mauvaise a deux bons côtés. »
Oubliez-moi donc ces outres de malheur et toute cette tristesse de veilleur de nuit! Que me semblent tristes aujourd'hui les bouffons mêmes! Cet aujourd'hui est celui de la populace : oubliez-moi donc cet — aujourd'hui!
Imitez-moi donc le vent qui s'élance ici de ses cavernes montagneuses. C'est au son de sa propre flûte qu'il veut danser; les mers frémissent et bondissent sous la danse de ses pas.
Celui qui donne aux ânes des ailes et trait les lionnes : honorez-moi donc ce bon esprit indomptable qui vient en tempête bouleverser tout présent et toute la populace, — qui est l'ennemi des têtes de chardons et des coupeurs de cheveux en quatre, ennemi aussi de toutes les grincheuses et mesquines mauvaises graines, ce bon vent libre et sauvage qui souffle sa tempête de poussière dans les yeux de tous les lourds pessimistes, de tous les amateurs d'ulcères :
— qui hait les chiens malades de la populace et tous les sinistres rejetons malvenus : honorez-moi donc cet esprit de tous les esprits libres, cet ouragan rieur qui danse sur les marécages et sur les tristesses comme sur autant de prairies.
Dehors, dehors maintenant, tourbillon indomptable! De qui parles-tu encore? Vole loin d'ici, vent fougueux!

Tel un cri, telle une allégresse, vole sur les mers, loin, jusqu'à trouver l'île des bienheureux
— embrasse mes enfants sur leurs îles, apporte-leur le salut d'un voisin du soleil, d'un voisin de la neige, d'un voisin de l'aigle, donne-leur en salut l'amour de leur père ! Mes enfants, mes bien nés, ma neuve et belle espèce : qu'est-ce qui *retient* mes enfants sur leurs îles ?
N'est-il pas temps, n'est-il pas grand temps — voilà ce que tu dois leur souffler à l'oreille, bon esprit de tempête — qu'ils viennent enfin à leur père ? Est-ce que je n'attends pas mes enfants comme quelqu'un dont les cheveux grisonnent et blanchissent ?
Dehors, dehors, indomptable et bon esprit de tempête ! Sors de tes cavernes montagneuses et fonds sur la mer, hâte-toi et avant même que le soir ne tombe, bénis mes enfants —
donne-leur la bénédiction de mon bonheur, de cette couronne de roses qui signifie joie ! Jette ces roses sur leurs îles, comme un point d'interrogation qui demanderait : « D'où vient une telle joie ? »
— Jusqu'à ce qu'ils apprennent à poser cette question : « Notre père vit-il encore ? Quoi, notre père Zarathoustra vit encore ? Notre vieux père Zarathoustra aime-t-il encore ses enfants ? »
Attire à moi mes enfants à l'aide de ma joie la plus profonde ! Séduis-les, que les saisisse mon désir paternel, fidèle et mordoré ! Verse sur leur cœur le miel d'un long, long amour paternel !
Le vent souffle, le vent souffle, la lune paraît — oh, mes lointains, lointains enfants, que n'êtes-vous ici auprès de votre père ? Le vent souffle, le ciel est pur de nuages, le monde repose. — Oh joie ! Oh bonheur !
Mais Zarathoustra avait à peine prononcé des mots qu'il

trembla jusqu'aux racines de son âme : car il venait de remarquer, regardant ses pieds, qu'il était tout à fait seul. Il avait oublié ses hôtes — ses hôtes l'avaient-ils également oublié ? « Où êtes-vous ? Où êtes-vous ? » criait Zarathoustra dans la nuit : mais la nuit se taisait. « Où êtes-vous ? Où êtes-vous, mes animaux ? » criait à nouveau Zarathoustra dans la nuit. Mais ses animaux, eux aussi restaient muets...

## *Pour « Le plus hideux des hommes »*

Ne sois pas, ô mon âme, découragée par l'homme! Continue plutôt à te repaître de toute sa méchanceté, de toute son étrangeté et de tout ce qu'il y a d'effrayant en lui!
« L'homme est méchant » — c'est ce que pour me consoler m'ont encore dit les sages les plus éminents de toutes les époques. Oh puisse aujourd'hui m'apprendre à soupirer : « Quoi! Est-ce toujours vrai? »
« Quoi! Cette consolation n'est-elle plus? » C'est ce que soupirait *ma* pusillanimité. Mais ce divin parmi les divins m'a désormais consolé.

\*

Plèbe, ce qui aujourd'hui signifie pêle-mêle. Tout y est sens dessus dessous : gredins et saints et hobereaux et juifs et Dieu et tout le bétail de l'arche de Noé.
Et ces femmes d'aujourd'hui — ne sont-elles pas elles

aussi vraiment ignobles et populacières ? dociles, jouisseuses, oublieuses, miséricordieuses — elles ne sont pas loin d'être des putains.
— Mes amis, s'il vous arrive un jour d'avoir à dire des choses pareilles à vos femmes, ajoutez habilement et gentiment : « Toi seule bien sûr, mon amour, fais exception. Et Zarathoustra me fait te transmettre ses sincères salutations. »

\*

Toi, vieil enchanteur odieux, ce qu'il y a en toi de meilleur, ce qu'il y a de plus sincère que je respecte : c'est que pour finir tu t'es lassé de toi-même et que tu as avoué : « Je ne suis pas grand. » Tu en es venu bien assez tard à *cette* sincérité-*là*.
Toi qui ne connaîtras pas la paix, le salut, toi qui es faux, combien de fois ton diable ne t'a-t-il pas susurré : « Fais en sorte d'abord que l'on croie en toi ; déclare que tu es, toi, justement en mesure de faire leur salut, tu es assez faux pour cela ! »

\*

Mais maintenant laissez-moi cette chambre d'enfant, ma caverne, et sortez ! Allez rafraîchir dehors votre bouillonnante humeur et apprenez à vous calmer grâce au bonheur.
La nuit est claire, la lune luit, aucun nuage dans le ciel.

Demandez-moi, demandez-vous, vous les étranges, s'il vaut — de vivre !
Mais Zarathoustra prononça les paroles qu'il avait déjà prononcées lorsqu'il <avait dit> oui à la vie pour l'éternité et lorsqu'il <donna> l'éternité pour cette même et unique vie : mais sa voix avait changé de timbre.
Et tous ceux qui entendirent les questions de Zarathoustra y répondirent avec leur cœur, mais aucun ne dit un mot. Ils étaient debout les uns à côté des autres, se donnant la main, muets, et regardant au-dehors.

## *Le mendiant volontaire*

C'est alors seulement qu'il revient à la nature
— Es-tu de ceux qui s'enthousiasment pour les légumes verts, hostiles à tous les amoureux de la viande ? sermonnant des Sermons sur la Montagne et de la philosophie pour le gentil bétail
— Ils sont froids : qu'un éclair frappe leur repas et leurs gueules apprendront à bouffer du feu !
— De moi-même je devins las : et vois-tu, c'est alors seulement que mon bonheur m'atteignit qui m'avait attendu dès le commencement.
— Les voici, pattes liées, ces chats griffus ; désormais, ils ne peuvent plus griffer, mais leurs yeux verts distillent du poison.
— Plus d'un déjà se jeta de toute sa hauteur. La pitié pour les inférieurs l'a induit en tentation : et maintenant, le voilà gisant, les membres brisés.
— À quoi m'a servi d'agir ainsi ! J'épiais un écho, mais je n'entends que louange.
— avec des yeux de voleur, comme s'ils nageaient déjà

dans la richesse. Et la plupart d'entre eux je les qualifie de chiffonniers et de charognards.

— je les ai vus, fidèles à l'habitude héritée de leurs pères, faire plus longs leurs doigts : c'est alors que je préférai attirer les plus courts.

— regards envieux, âmes fielleuses

— plutôt une querelle que ces commencements ! C'est avec des gants qu'on doit saisir l'argent et le changeur !

— le bienfait modeste scandalise là où le plus grand serait à peine pardonné.

— vous qui êtes trop riches, vous gouttez comme des bouteilles ventrues aux cols trop étroits : méfiez-vous, l'impatience tord souvent le cou à de telles bouteilles !

— j'eus honte de la richesse lorsque je vis les riches ; je jetai ce que je possédais et je me précipitai moi-même dans un désert.

— Mon cher étranger, où as-tu séjourné ? Chacun ne cherche-t-il pas aujourd'hui à trafiquer ? on peut tous les acheter, mais pas à n'importe quel prix : si tu veux les acheter, n'offre pas trop peu, car tu renforcerais alors leur vertu. Ils te diraient non ! et s'en iraient, infatués tels des incorruptibles — tous ces professeurs d'un jour et ces mouches à papier !

— Âmes étroites, âmes de boutiquiers : quand l'argent saute dans la cassette, l'âme du boutiquier s'y enferme aussi.

— «À cela je reconnais qui déborde de richesse : il remercie celui qui prend» dit Zarathoustra.

— Forçats de la richesse dont les pensées cliquettent, froides comme des chaînes.

— ils s'inventèrent le plus sacro-saint ennui et le désir des lundis et des jours ouvrables

147

— Tel un promeneur, rêvant à des choses bien lointaines, qui bute sans le vouloir contre un chien endormi sur une route déserte :
Comme des ennemis mortels, ils se regardèrent alors, tous deux effrayés à mort : et pourtant, au fond : il s'en est fallu de peu qu'ils ne se caressent et se cajolent, ces deux solitaires !
— Non pas à cause de cette pauvre antique et ridicule piété qui enjoignait : « Donner aux pauvres, c'est prêter à Dieu. Soyez de bons banquiers ! »
— <u>Vous aimez l'utile parce que c'est l'engrenage de nos penchants, mais le bruit de ses roues ne vous est-il pas insupportable ? J'aime l'inutile.</u>
— leurs femmes : dociles, concupiscentes, oublieuses : elles ne sont pas loin d'être des putains.
J'aime le silence et ceux-là le bruit, c'est pourquoi [...]

\*

« Ainsi, vous ne serez pas comme les enfants » — Non ! Non ! Trois fois non ! C'est fini. Nous ne voulons pas non plus monter aux cieux.
Des hommes, c'est ce que nous sommes devenus, aussi c'est le royaume de la terre que nous voulons.

(Non ! Non ! Trois fois non ! Qu'importe ces cieux cafouilleux, ouille ! aïe ! Nous ne *voulons* pas du royaume des cieux : le royaume de la terre soit nôtre !)

«Vous serez poussés vers les hauteurs, vers moi : laissez dire au peuple que "vous montez"». Vous êtes à moi — *Poussés*!
— À une époque où règne la satisfaction de la plèbe, et où le dégoût déjà définit l'homme supérieur.

## *Les sept solitudes*

Et si un jour je dois hurler avec les loups, je le ferai fort bien ; et de temps en temps un loup disait : « tu hurles mieux que nous autres loups ».

## La Chanson à boire

Après qu'ils furent longtemps restés debout, et comme l'intimité de la nuit pénétrait, toujours plus proche, leur cœur, arriva ce qui, au cours de cette longue journée étonnante, fut l'événement le plus étonnant. Tout d'abord en effet, le plus hideux des hommes recommença à grommeler, haletant : puis lorsqu'il parvint à donner à ce grommellement forme langagière, sa bouche proféra clairement et distinctement une question, bouleversant le cœur de tous ceux qui l'entendirent.

Vous tous mes amis, dit le plus hideux des hommes, qu'en pensez-vous ? Cette journée est cause que — pour la première fois je suis satisfait d'avoir vécu toute cette existence.
Et que j'en dise autant ne m'est de loin pas assez. Il vaut de vivre sur cette terre : un seul jour passé avec Zarathoustra m'a enseigné à aimer la terre.

« Était-ce *cela* — la vie ? m'écrierai-je à mort. Fort bien ! Encore une fois ! Au nom de Zarathoustra ! »

Mes amis, que vous en semble ? Ne voulez-vous pas

comme moi vous exclamer jusqu'à la mort : « Était-ce *cela* — la vie ? Au nom de Zarathoustra — fort bien ! Encore une fois ! »

Et toi notre médecin et notre terre de salut — laisse-nous, ô Zarathoustra, marcher encore à tes côtés !

Ainsi parla le plus hideux des hommes ; or il était près de minuit.

Alors Zarathoustra s'empara impétueusement de sa main, la pressa dans les siennes, et, bouleversé, s'écria avec la voix de qui reçoit et sans l'attendre un précieux cadeau du ciel, un bijou :

« Comment ? C'est *toi* qui dis cela, mon ami ? *C'est là ce que* tu veux ? C'est là toute ta volonté, ta meilleure, ta plus grande, ta dernière volonté ? Dis-le encore une fois ! »...

Et le plus hideux des hommes fit comme on le lui avait demandé : mais dès que tous les hommes supérieurs eurent entendu sa louange, ils furent aussitôt conscients de s'être transformés et d'être guéris, et ils surent qui leur avait fait le cadeau de cette guérison : ils s'élancèrent vers Zarathoustra, reconnaissants, le révérant, le caressant ou lui baisant les mains, chacun à sa manière : de sorte que certains riaient et que d'autres pleuraient. Mais le vieux devin dansait de plaisir et même s'il était, comme d'aucuns le pensaient, ivre de vin doux, il était sûrement plus débordant encore de vie suave et toute fatigue l'avait abandonné. Il en est même qui racontent qu'à ce moment l'âne s'est mis à danser, car le plus hideux des hommes lui avait auparavant versé à boire du vin et non de l'eau, au moment où il lui adressait ses prières comme à son nouveau dieu. Tout cela a bien pu se passer ainsi ou autrement — et à vrai dire, tous ceux qui racontent l'histoire de Zarathoustra ne le croiront pas — : mais il est certain que le plus hideux des hommes eût été capable de cette méchanceté aussi.

Zarathoustra lui-même prêta attention à la manière dont dansait le devin et le montrait du doigt ; puis il s'arracha d'un coup à la presse de ses adorateurs et de ses admirateurs, mit un doigt sur sa bouche et ordonna le silence. Ce fut vers cette heure avancée de la nuit que Zarathoustra entonna la grande chanson à boire que reprirent chacun à leur tour tous ses hôtes ; mais l'âne, l'aigle et le serpent écoutèrent comme le fit aussi la caverne de Zarathoustra et la nuit elle-même. Et voici ce chant :

Élevez vos cœurs, mes frères, haut, plus haut ! — mais n'allez pas m'oublier les jambes ! Levez vos jambes aussi, vous les bons danseurs, et mieux encore, tenez-vous sur la tête !

Écoute ! Écoute ! Le profond minuit approche !

Alors intervint le vieux devin : « Il y a, même dans la joie, de lourds animaux, il y a des pieds lourds dès leur naissance. Étrangement, ils font des efforts, semblables à l'éléphant qui s'efforce de se tenir sur la tête.

Écoute ! Écoute ! Le profond minuit approche ! »

Alors intervint le plus hideux des hommes : « Mieux vaut encore danser comme un lourdaud que marcher sur des jambes paralysées, mieux vaut être fou de bonheur que de malheur. Mais voici la meilleure vérité de Zarathoustra : même la chose la plus mauvaise a deux bons côtés.

Écoute ! Écoute ! Le profond minuit approche ! »

Alors intervint le vieil enchanteur : « J'ai oublié désormais l'outre d'affliction et toute la tristesse de veilleur de nuit. Pareil au vent je veux être, qui éclaircit tous les ciels et fait gronder toutes les mers : désormais je veux être comme Zarathoustra.

Écoute! Écoute! Le profond minuit approche! »

Alors intervint le roi de droite : « Secouez-moi et débarrassez-moi de toutes les larmes de la terre et de toutes les plaintes humaines, je veux toujours être au sommet comme l'huile sur l'eau. Et cela je l'ai appris de Zarathoustra que voilà.

Écoute! Écoute! Le profond minuit approche! »

Alors intervint le roi de gauche : « Et dussé-je un jour avoir la terre en aversion : ma méchanceté agrippe au ciel les étoiles et les rabat sur la terre : voilà la manière de toute vengeance chez Zarathoustra.

Écoute! Écoute! Le profond minuit approche! »

Alors intervint le bon Européen : « Et même s'il y a sur terre des marécages, de l'affliction et des mers de vase noire : qui a le pied léger, comme Zarathoustra, saute par-dessus la vase, rapide comme au-dessus d'épées fourbies.

Écoute! Écoute! Le profond minuit approche! »

Alors intervint le mendiant volontaire : « La démarche révèle si le marcheur suit *sa vraie* route : voyez comment marche Zarathoustra! Mais celui qui s'approche de son but — danse!

Écoute! Écoute! Le profond minuit approche! »

Alors intervint le scrupuleux de l'esprit : « C'est par des voies torses que toutes les bonnes choses atteignent leur but, pareilles à des chats elles font le gros dos, ron-

ronnant intérieurement de leur joie prochaine; toutes les bonnes choses rient.

Écoute! Écoute! Le profond minuit approche!»

Alors intervint le vieux Pape : « Quel fut jusqu'à présent sur terre le plus grand péché? Ce fut le mot de celui qui déclara : "Malheur à ceux qui ici-bas rient!"

Écoute! Écoute! Le profond minuit approche!»

## *Le dernier péché*

### 1

Mais qu'advint-il alors de Zarathoustra lui-même? — Qui donc pourrait deviner ce qui se produisit en lui durant cette nuit-là? — Lorsqu'il vit la joie de ses hommes supérieurs, il s'effondra d'un seul coup, comme un chêne qui longtemps a résisté aux efforts de bien des bûcherons — lourd, soudain, effrayant pour ceux-là même qui voulaient l'abattre. Mais la hache que Zarathoustra brisa — se nommait *compassion*, compatir au *bonheur* de ces hommes supérieurs.

### 2

Les hommes supérieurs se précipitèrent, lorsqu'il gisait sur le sol, afin de l'aider à se relever : mais déjà il se redressait tout seul, chassait tous ceux qui se pressaient autour de lui et s'écriait : « Allez-vous-en ! Loin ! Loin ! », « Laissez-moi », cria-t-il si douloureusement et de manière si effroyable que le cœur de ses amis se figea ; et avant même qu'une seule main se tende pour le retenir, il se couvrit la tête de son vêtement, s'enfonça dans la nuit noire et disparut.

Un long moment, ses amis restèrent là, abasourdis et muets, car cette montagne leur était inconnue, et à cette heure-là aucun n'aurait su à cent pas à la ronde trouver un chemin. Il était en effet près de minuit. Lorsqu'ils comprirent qu'ils ne pourraient ni ne sauraient quoi faire, ils finirent par retourner dans la caverne de Zarathoustra quoiqu'elle parût bien triste et bien froide ; ils passèrent la nuit, dormant peu, entourés de sombres pensées et de noirs fantômes.

Mais aux premières heures de l'aube, ce voyageur qui s'était nommé l'ombre de Zarathoustra quitta en secret ses compagnons et devant la caverne se mit à scruter les environs à la recherche du disparu. Et peu de temps après, il cria vers la caverne : « Là-bas, voilà Zarathoustra qui arrive ! » Tous alors rejetèrent le sommeil et leurs sombres pensées, s'élancèrent pleins de l'espoir qu'il fasse à nouveau jour. Mais lorsque tous furent là à regarder au loin — et l'âne aussi était sorti avec eux et regarda vers Zarathoustra — voilà qu'un étrange spectacle s'offrit au loin. Zarathoustra montait en effet le sentier lentement, très lentement : puis il s'arrêta et regarda derrière lui : sur ses pas montait un puissant animal jaune, à pas hésitants comme Zarathoustra, d'une démarche lente et se retournant souvent. Mais toujours est-il que lorsque Zarathoustra tourna la tête vers lui, il fit quelques pas plus rapides pour hésiter à nouveau. Qu'est-ce qui se passe, se demandèrent les hommes supérieurs, et leur cœur se mit à battre, car ils soupçonnèrent ce puissant animal jaune d'être un lion de la montagne. Et voilà soudain qu'ils aperçurent le lion : il poussa alors un sauvage rugissement et bondit vers eux : de sorte que leurs bouches s'unirent en un cri et qu'ils fuirent. En un instant Zarathoustra se retrouva seul et se tint, étonné, au seuil de sa caverne. « Que m'est-il donc arrivé ? » dit-il en lui-même tandis que le puissant lion, craintif, se pressait contre ses jambes. « Quel cri de détresse n'ai-je pas à l'instant entendu ! » Mais la mémoire lui revint et il comprit aussitôt tout ce qui s'était passé. Voici la pierre, dit-il joyeux, sur laquelle je me suis assis hier matin : c'est à ce moment que j'ai entendu le même cri. Oh vous, hommes supérieurs, c'était bien *votre* cri de détresse !

Et c'était à propos de ma détresse que ce vieux devin me mettait en garde hier matin ; il voulait m'induire à mon dernier péché, à compatir à *votre* détresse !

Mais votre *bonheur* était mon danger — : compatir à votre bonheur, *voilà ce qu'*il n'a pas — su deviner ! Qu'est-ce que ces hommes supérieurs ont bien pu deviner *chez moi* !

Fort bien ! ils sont loin — et je *ne* suis *pas* allé avec eux : oh victoire ! oh bonheur ! Cela m'a réussi !

Mais toi, mon animal et mon signe de vérité, toi lion rieur, tu restes à mes côtés ! Fort bien ! Allons ! Tu es venu pour mon honneur et à temps, tu es mon troisième animal honorifique !

Ainsi parla Zarathoustra au lion et s'assit en soupirant sur la pierre qu'il avait prise pour siège la veille — : puis son regard se tourna interrogatif vers les hauteurs — il venait en effet d'entendre le puissant appel de son aigle.

Mes animaux reviennent, mes deux anciens animaux honorifiques, s'écria Zarathoustra en se réjouissant intérieurement : ils doivent m'annoncer si mes enfants sont en route et sont venus vers moi. Et en vérité, mes enfants sont venus puisque le lion rieur est arrivé. Oh victoire ! Oh bonheur !

## *Le signe*

Mais au matin de cette nuit, Zarathoustra bondit hors de son camp, se ceignit les reins et sortit de sa caverne, rayonnant et joyeux comme le soleil matinal se levant derrière de sombres montagnes.

« Ils dorment encore, s'écria-t-il, tandis que *moi* je suis éveillé — *ceux-là* ne sont pas mes vrais compagnons, ces hommes supérieurs.

D'autres, supérieurs encore, doivent nécessairement venir, au tempérament plus élevé, plus libre, plus lumineux — des lions rieurs doivent venir à moi : que m'importe toute cette étroite misère, petite, étrange!

Ceux-là je les attends désormais, ceux-là je les attends » — et tandis que Zarathoustra parlait ainsi, il s'assit, pensif, sur une pierre devant sa caverne.

« Qui doit être le seigneur de la terre? dit-il à nouveau. Eh bien! Certainement pas *ceux-là* — je préférerais plutôt les briser avec mon marteau. Mais je suis moi-même un marteau. Ils supportent de rester sur terre lorsqu'on les fait briller de plaisir à des désirs terrestres, lorsqu'on leur parle à cœur ouvert. Comment ! simplement — *supporter* de rester sur terre ? Au nom de la terre, j'ai honte de pareils discours.

Je préfère autour de moi des bêtes cruelles et sauvages plutôt que ces doux ratés ; comme je désire être heureux, voir à nouveau les merveilles que le chaud soleil fait éclore — tous les beaux animaux bien faits dont la terre elle-même est fière. L'homme vous eût-il jusqu'ici ratés ? Fort bien ! Mais le lion est réussi. »

Et de nouveau Zarathoustra se plongea dans de lointaines pensées, de lointaines contrées, et dans un silence qui échappe à son propre cœur et reste sans témoins.

## *Le bon repas*

On était au milieu de ce long dîner qui avait commencé durant l'après-midi déjà : quelqu'un dit alors : « Écoutez avec quelle force le vent mugit dehors et siffle ! Qui aimerait maintenant être dehors ! Il est bien que nous soyons assis dans la caverne de Zarathoustra.

Car si ce n'est qu'une caverne, elle est encore, pour des navires tels que nous, un port très sûr. Qu'il est bon que nous soyons ici — au port ! »

Une fois ces paroles prononcées, personne n'y donna réponse, mais tous se regardèrent. Pourtant, Zarathoustra lui-même se leva de sa place, examina ses hôtes l'un après l'autre de son regard scrutateur, mais affable, et dit enfin :

« Vous m'étonnez, mes nouveaux amis. Vous n'avez pas vraiment l'air désespéré. Qui croirait qu'il y a un instant vous criiez à l'aide dans cette même caverne !

Il me semble que vous êtes à vous-mêmes de mauvaise compagnie, vous vous rendez moroses à être assis les uns à côté des autres ? Il serait temps que quelqu'un vienne et vous déride

— un bouffon bien joyeux, un danseur avec bras et jambes, un tourbillon, un diablotin, quelque vieux fou et Zarathoustra — qu'en pensez-vous ? »

À ces mots, le roi de droite se leva et dit : « N'aie pas de mots si humbles lorsque tu parles en ton nom, Zarathoustra, tu blesserais notre respect ! Vois, nous savons bien *qui* fait en sorte que déjà se soient tus nos cris de détresse ! et que nos regards et notre âme soient ouverts, ravis, que notre courage gagne en audace.

Oh, Zarathoustra, rien qui croisse sur terre n'est plus réjouissant qu'une forte et haute volonté : c'est là sa plus belle plante. Un seul arbre pareil et tout un paysage s'y repose.

C'est à un pin que je compare celui qui, comme toi, ô Zarathoustra, croît et s'élance : haut, silencieux, dur, solitaire, fait du meilleur bois souple, seigneurial

— mais qui en fait conquiert *sa propre* domination par la poussée de fortes et viriles branches, pose de vigoureuses questions aux vents, aux tempêtes et à ce qui est familier des hauteurs.

— donnant des réponses plus vigoureuses encore, un commandeur, un victorieux : oh, qui ne gravirait des sommets élevés pour contempler des arbres pareils ?

Auprès de ton arbre, ô Zarathoustra, même l'homme sombre, le malvenu se rassérène ; à ta vue, l'âme des inquiets se rassure et s'apaise.

Qu'il est bien pourtant que nous ayons tout d'abord crié de détresse : nous fûmes alors *obligés* de lever nos regards vers toi ! Combien reconnaissants sommes-nous désormais pour tout ce dégoût, tout cet air lourd, car ils nous apprirent à poser des questions, à chercher, à nous élever,

— apprirent à poser des questions au bon endroit, à

la bonne hauteur : "Zarathoustra vit-il donc encore ? Comment vit-il donc ?"

À qui se pose une bonne question il est déjà à moitié répondu. Et en vérité, une réponse parfaite est ce qu'ici nos propres yeux contemplent : Zarathoustra vit encore, et mieux que jamais,

— Zarathoustra le danseur, Zarathoustra le silencieux, ni impatient ni intransigeant, tel un qui aime les sauts et les escapades,

— qui porte la couronne du rire, une couronne de roses. Toi-même, ô Zarathoustra, ceins-toi le front de cette couronne, personne d'autre aujourd'hui ne serait assez fort pour le faire !

Et même si ton regard voit pire et plus noir que n'importe quel pessimiste, même si pas un saint n'a encore traversé tes enfers,

— et même si tu te dissimules entouré d'obscurités nouvelles, et peu importe que tu t'enfonces au sein d'un brouillard opaque et glacé vers d'autres abîmes : tu finiras toujours par dresser au-dessus de toi ta tente multicolore,

— tu étends ton rire sur la nuit et l'enfer, sur les abîmes de brouillard ; et là où se dresse ton arbre fort et haut, le ciel ne reste jamais longtemps couvert. »

Mais à cet instant, Zarathoustra interrompit le discours du roi, lui posa un doigt sur la bouche et dit : « Ah, ces rois !

— Ils s'entendent à présenter leurs hommages et à dire de grands mots : ils y sont eux-mêmes habitués ! Mais mes oreilles n'en ont que faire !

Mes oreilles ne cessent de rapetisser, ne le remarquez-vous pas ? car elles se recroquevillent devant tous les discours pompeux.

Et en vérité, vous les rois pourriez renverser d'une telle louange l'homme le plus fort ; la coupe qui contient un tel vin, il ne faudrait la partager avec personne. Sinon avec *moi* : car je me moque de tout éloge, grâce à mon front d'airain

Grâce à ma volonté d'airain : car ce qu'elle exige est fort, élevé, raffiné : cela, la louange et le respect n'y atteignent.

Et c'est vrai : je ne suis pas devenu ermite au désert bien que j'aie vécu dans bien des déserts, dans bien des régions sauvages et nues ; mais je ne me dresse pas encore stupéfié, stupide, statufié telle une colonne.

À l'arbre dont tu parles je ressemble, un arbre haut et fort, c'est vrai : noueux et torse, non sans souplesse dans ma dureté, je domine la mer ; un phare vivant.

Et c'est volontiers, mes nouveaux amis, que je veux vous faire signe, tel cet arbre, aux branches amples, à la volonté forte : montez à moi, veux-je vous dire, et contemplez avec moi ces vastes lointains ! »

\*

Alors se produisirent, l'une après l'autre, des choses dont chacune était plus étrange que l'autre.
— et il eut beau grincer des dents et serrer les lèvres, la pitié le submergea néanmoins, tel un lourd nuage et telle une profonde torpeur.

Là — l'aigle !        — Où je suis !
Il s'envole.

# Derniers fragments

Automne 1888

*Le silence d'airain*

Cinq oreilles — et pas un son n'y retentit !
Le monde est devenu muet…
J'ai écouté avec les oreilles de ma *curiosité* :
Cinq fois, j'ai lancé ma ligne au loin,
Cinq fois, je n'ai pas ramené un seul poisson —
J'ai questionné — aucune réponse ne s'est jetée dans
$$\text{mon filet}$$
J'ai écouté avec l'oreille de mon *amour*

\*

Tu courais trop vite :
maintenant seulement que tu es las,
ton bonheur te rattrapera.

*

une âme enneigée, qu'un
vent de dégel essaie d'amadouer
un torrent qui scintille et danse, et
qu'un lit tortueux
de rocs tient prisonnier :
entre des pierres noires
son impatience étincelle et frémit.

*

Le casse-cou,
garde-toi de le sermonner !
À cause de tes sermons,
Il se jetterait dans tous les gouffres !

*

Bien traqué
mal attrapé

*

Grands hommes et fleuves font des détours
sinueux, mais qui les mènent à *leur* but :
Tel est leur courage le plus grand,
ils ne redoutent pas les chemins détournés

\*

Chèvres, oies, et autres divers animaux
Partent en croisière et ceux que jamais
le Saint-Esprit
a pu conduire.

\*

Sont-ce là des échasses ?
Ou sont-ce les pieds robustes de la fierté ?

\*

brisé, rampant,
faisandé, suspect

\*

parmi vous je suis toujours
comme l'huile avec l'eau :
j'ai toujours le dessus

*

près de chaque boutique un assommoir

*

On est certain de sa mort :
pourquoi ne serait-on pas serein ?

*

mal marié avec lui-même,
Insatisfait et querelleur,
son propre dragon du foyer

*

Le ciel est en flammes, et la mer
crache sur nous

*

C'est contre toi que la mer grince des dents

*

Votre Dieu, me dites-vous,
est un Dieu d'amour ?
La morsure de la conscience
est donc morsure de Dieu :
il vous mord par amour ?

*

au-dessous de mon sommet
et de mes glaces,
encore ceint
de toutes les ceintures de l'amour

*

À qui sied la beauté ?
À l'homme point :
la beauté *cache* l'homme,
mais un homme caché ne vaut rien.
Avance librement, …

*

Il te faut retourner dans la cohue :
dans la cohue, on devient lisse et dur.
La solitude amollit…
La solitude corrompt…

\*

ne t'y trompe pas !
Sans doute il rit
comme un éclair :
mais, après coup,
gronde, coléreux, son long tonnerre.

\*

déjà il s'imite lui-même,
il s'est lassé déjà,
déjà, il en est à chercher les chemins qu'il a suivis
naguère encore, il aimait les espaces *inviolés* !

\*

ma sagesse a voulu imiter le soleil :
je voulais les illuminer,
mais je les ai éblouis :
à ces chauves-souris,
le soleil de ma sagesse
a brûlé les yeux…

\*

dure est sa pitié,
le poids de son amour écrase :
ne donnez pas la main à un géant !

\*

Tel est à présent mon vouloir,
et depuis que tel est mon vouloir,
tout va comme je l'ai souhaité.
Car telle est ma suprême sagesse :
ce que je dois faire, je l'ai voulu :
ainsi, j'ai vaincu tout « devoir »,
depuis, j'ignore tout « devoir »…

\*

Hautain, méprisant les médiocres
profits : là où je sens
les doigts avides de l'épicier,
je n'ai plus qu'une envie :
abandonner la partie,
mon goût délicat l'exige de moi.

*

gens modestes,
confiants, ouverts,
mais portes trop basses,
il faut être bas pour les franchir.

*

veux-tu être seulement
le singe de ton Dieu ?

*

tes grandes pensées
qui viennent du cœur,
et toutes tes petites pensées
— elles viennent de la tête
ne sont-elles pas toutes — *mal* pensées ?

*

garde-toi
de publier à coups de grosse caisse
ton destin !
Tiens-toi à l'écart
de tous les boum-boum de la gloire !

*

veux-tu les attraper?
Parle-leur
comme à des brebis égarées :
« Votre voie, oh votre voie,
vous l'avez perdue ! »
Ils suivent aussitôt
qui les flatte ainsi.
— « Quoi ? Nous avions une voie ? »,
se disent-ils en secret :
« On dirait bien, en vérité, que nous avons une voie ! »

*

ne m'en veuillez pas d'avoir dormi :
je n'étais que las, je n'étais pas mort.
Ma voix sonnait désagréablement ;
mais ce n'était que ronflement, halètement,
le chant d'un homme las :
pas d'appel à la mort,
pas l'attirance du tombeau.

\*

désarmé, comme un cadavre,
déjà mort de son vivant, enseveli

\*

Tends la main vers les hasards les plus ténus,
sois aimable envers ce qui est importun :
envers son destin, il faut rentrer ses piquants,
à moins d'être un hérisson.

\*

Montez-vous ?
Est-il vrai que vous montiez,
hommes supérieurs ?
N'êtes-vous pas — pardon ! —,
comme une balle,
*poussés violemment* vers le haut
par ce que vous avez de plus bas ?...
Ne vous fuyez-vous pas, vous qui montez ?...

\*

au déicide,
au séducteur des plus purs,
à l'ami du mal

*

le voici, probe et juste,
avec plus de sens de ce qui est juste
dans son petit orteil
que moi dans toute ma tête :
un monstre de vertu
drapé de blanc

*

À quoi bon ! Son cœur
est étroit ; tout son esprit
dans cette cage exiguë
est captif et écrasé.

*

Ô sages rigides,
tout m'est devenu jeu

*

âmes bornées,
âmes de boutiquiers !

Quand l'argent tombe dans le tiroir
votre âme l'y suit à tout coup !

*

tu ne supportes plus
ton impérieux destin ?
Aime-le, car tu n'as plus le choix !

*

Vouloir délivre !
Qui n'a rien à faire,
un rien suffit à l'occuper.

*

la solitude
ne plante rien : elle fait mûrir…
Encore te faut-il en plus l'amitié du soleil.

*

Jette dans l'abîme ce qui t'alourdit !
Homme, oublie ! Homme, oublie !

Divin est l'art d'oublier !
Si tu veux voler,
si tu veux être chez toi dans les hauteurs :
jette dans la mer ton plus lourd fardeau !
Voici la mer — jette-toi dans la mer !
Divin est l'art d'oublier !

## *La sorcière*

nous pensions du mal l'un de l'autre?...
nous étions trop éloignés.
Mais maintenant, dans cette cabane exiguë,
enchaînés au même destin,
comment pourrions-nous rester ennemis?
Car il faut bien s'aimer
Quand on ne peut se fuir.

\*

La vérité
elle est femme, rien de mieux,
rusée dans sa pudeur :
ce qu'elle aimerait le mieux,
elle ne veut pas le savoir,
elle le cache de ses doigts...
À quoi cède-t-elle? À la force seulement!

Usez de force, soyez durs, vous, les plus sages !
Il vous faut la contraindre,
la pudibonde vérité !...
Pour son propre bonheur,
la contrainte est de rigueur
— elle est femme, rien de mieux...

*

hélas, tu te croyais
tenu de mépriser
là où tu ne faisais que renoncer !...

*

Heure du soir
où les glaces de mon sommet
rougeoient encore !

*Sur l'eau*

*Gloire*

Ô vagues ?
Ô petites femmes ? Ô capricieuses ?
Vous vous déchaînez contre moi,
Vous vous dressez en grondant avec fureur ?
D'un coup d'aviron
j'assomme votre folie.
Cette nacelle
c'est vous-mêmes qui allez la porter à l'immortalité !

\*

Voilà qui peut-être n'est pas réfutable :
serait-ce vrai pour autant ?
Oh, pauvres innocents !

*

Je suis chez moi sur les hauteurs,
je n'ai pas la nostalgie des hauteurs,
je n'y lève pas les yeux ;
je suis quelqu'un qui regarde vers le bas,
quelqu'un qui doit bénir :
tous les bénisseurs regardent vers le bas…

*

Déjà, il devient désagréable,
il étale sans façons
ses coudes pointus ;
sa voix s'aigrit,
son regard est vert-de-gris.

*

un œil noble, aux
rideaux de velours :
rarement clair,
— il honore celui à qui il se découvre.

\*

leur âme
ruisselle de lait : mais hélas,
leur esprit n'est que petit-lait !

\*

une haleine inconnue me souffle au visage en crachant :
suis-je un miroir, pour m'en troubler ?

\*

ménage ce qui a si tendre peau !
À quoi bon râper
à de telles choses leur duvet ?

\*

Des vérités que nul sourire encore
n'a dorées ;
d'âcres, de vertes, d'impatientes vérités
font siège autour de moi.

*

ô vous toutes, glaces rougeoyantes !
Soleils au zénith de mon solitaire bonheur !

*

Des yeux lents
qui aiment rarement :
mais quand ils aiment, ils jettent des éclairs
comme des mines d'or
où un dragon garde un trésor d'amour…

*

« En enfer va qui suit ta voie ? »
Fort bien ! Mais le chemin de mon enfer,
c'est de bons aphorismes qu'il sera pavé !

*

Tu veux porter la main sur des épines ?
Tes doigts le paieront cher.
Porte la main à ton poignard.

\*

es-tu fragile ?
Alors, méfie-toi des *mains d'enfants* !
L'enfant ne peut pas vivre
sans rien briser...

\*

« La fumée a elle aussi son utilité »,
dit le Bédouin — et moi à l'unisson :
Fumée, n'annonces-tu pas
à qui chemine
l'approche d'un âtre hospitalier ?

\*

qui aujourd'hui rit le mieux
rira le dernier.

\*

un voyageur fatigué —
qu'un chien accueille durement
en aboyant.

*

Ce ne sont qu'écrevisses, pour qui je n'ai de sympathie :
elles pincent quand on les prend ;
les lâche-t-on, elles s'en vont à reculons.

*

trop longtemps, il fut au cachot,
cet évadé !
Trop longtemps il a craint le bâton
d'un geôlier :
craintif, il va maintenant son chemin,
tout le fait trébucher,
l'ombre d'un bâton le fait trébucher

*

Par-delà le Nord, la glace, l'aujourd'hui,
par-delà la mort,
à l'écart —
*notre* vie, *notre* bonheur !
Ni par terre,
ni par mer,
tu ne pourras trouver
le chemin qui mène jusqu'à nous, Hyperboréens[1] :
c'est de *nous* qu'ainsi une sage bouche a prophétisé.

*

Oh, ces poètes !
Il est chez eux des étalons
qui hennissent chastement.

*

Regarde devant toi ! Ne regarde pas en arrière !
À force de vouloir aller au fond
des choses on coule au fond.

*

accueillante envers les hommes et hasards,
une tache de soleil
sur les pentes hivernales

*

ma sagesse se fit un éclair :
de son glaive de diamant elle dispersa toutes mes ténèbres !

\*

devine, amateur d'énigmes,
où réside à présent ma vertu ?
Elle m'a échappé
redoutant la perfidie
de mes lignes et filets.

\*

mon bonheur leur fait mal :
mon bonheur porte ombrage à ces envieux ;
ils gèlent chez eux, — en jetant des regards verts

\*

jours solitaires
il vous faut avancer d'un pas plus hardi !

\*

et *vous autres* ne me semblez lourds
que quand je me sens à moi-même un fardeau !

\*

Où allait-il ? Qui le sait ?
Ce qui est sûr, c'est qu'il déclina.

Un astre s'éteignit dans l'espace désert :
l'espace alors devint un vrai désert...

\*

La nuée d'orage gronde encore,
mais déjà en suspens
— scintillante, calme et lourde —
la richesse de Zarathoustra est répandue sur les champs[1].

\*

Cela seul délivre de toute douleur
à toi de choisir :
la prompte mort
ou le long amour.

\*

En quête de trésors nouveaux,
nouveaux êtres souterrains, nous creusons la terre :
jadis, les Anciens trouvaient sacrilège
de remuer ainsi les entrailles de la terre, pour des trésors.
Cette impiété, de nos jours, existe à nouveau :
entendez-vous, montés des profondeurs, ces borborygmes
                                        crépitants ?

*

Es-tu fort ?
Fort comme un âne, ou comme Dieu ?
Es-tu fier ?
Assez fier pour ne pas rougir de ta vanité ?

*

c'est du Néant qu'ils ont tiré leur Dieu :
quoi d'étonnant, s'il s'est, pour eux, réduit à néant ?

*

un érudit féru d'*antiquité*,
un métier de fossoyeur,
une vie entre sciure et cercueils

*

les voici, plantés là,
les massifs chats de granit,
les valeurs du fond des temps :
hélas, comment *les* renverser ?

\*

leur bon sens est un non-sens,
leur sagesse, folie des « si » et des « mais ».

\*

empressé, amical,
chaque jour pour moi monte clair comme l'or
et identique.

\*

plein de profonde méfiance,
couvert de mousse,
solitaire,
d'une patiente volonté,
ignorant la lubricité,
un taciturne.

\*

es-tu si curieux ?
Sais-tu voir plus loin que les côtés ?
Il faut, pour voir *cela*, avoir aussi des yeux dans le dos.

*

sont-ils froids, ces savants!
Puisse la foudre tomber dans leur plat!
Puissent-ils apprendre à bouffer du feu!

*

comme des chats griffus
aux pattes entravées
ils sont assis là
le regard venimeux.

*

pourquoi, de sa hauteur, s'est-il jeté en bas?
Qu'est-ce qui l'a séduit?
C'est la pitié pour tout ce qui est bas qui l'a séduit :
il gît maintenant là, brisé, inutile et froid —

*

c'est un loup qui me l'attesta :
« Tu hurles, m'a-t-il dit, mieux que nous autres loups!»

*

Tu as vu choses plus sombres et plus terribles que jamais
un voyant,
la volupté de l'enfer, aucun sage ne l'a traversée.

*

tu t'es ceint de nouvelles nuits,
ta patte de lion a inventé de nouveaux déserts.

*

à cette beauté de pierre
se rafraîchit mon cœur brûlant

*

torturé
d'un nouveau bonheur

*

loin devant moi, dans l'océan de l'avenir,
par-dessus ma tête, je lance ma ligne

*

je suis quelqu'un à qui l'on jure des serments :
jurez-le-moi !

*

non d'avoir renversé l'idole,
mais d'avoir brisé l'idolâtre *en toi*,
voilà ce que fut ton courage !

*

mon bonheur de par-delà !
Ce qui m'est aujourd'hui bonheur,
à sa lumière, fait de l'ombre.

*

chargé de la plus lourde faute,
— et toutes les vertus doivent encore
devant ma faute s'agenouiller

tromper
à la guerre, c'est tout.
La peau du renard :
c'est ma cotte de mailles bien cachée.

*

reconnu, mais pas trop tôt :
un qui a *mis en réserve* sa réputation

*

pour une si grande ambition
la terre n'est-elle pas trop exiguë ?

*

la ruse vaut-elle mieux que la force ?

*

J'ai tout donné,
tous les biens que je possédais :
il ne me reste plus rien
sinon toi : immense espoir !

*

« En rien, on ne vainc sans colère »

*

où il y a danger,
là je me sens dans mon élément,
là je grandis et pousse hors de terre.

*

ainsi parle tout général :
« Ne laisse en paix
ni le vainqueur ni le vaincu ! »

*

l'heure suprême arrive,
le danger des dangers,
mon âme se fait silencieuse…

*

qui serait capable de faire valoir ton droit ?
Alors, saisis toi-même ton droit !

*

ce n'est pas de ses péchés, de ses grandes folies,
c'est de sa perfection que je souffrais,
quand l'homme me faisait le plus souffrir

*

débris d'étoiles,
de ces débris, j'ai bâti un univers.

*

suspendu à cette pensée,
tout l'avenir, je l'attire à moi.

\*

Qu'arrive-t-il ? Est-ce la mer qui baisse ?
Non, c'est ma terre qui monte !
Un feu nouveau la soulève !

\*

une pensée
qui est encore à présent une lave liquide et brûlante :
mais toute lave
s'entoure elle-même d'un rempart,
toute pensée finit
par s'étouffer dans des « lois ».

\*

comme aucune voix nouvelle ne s'élevait,
vous avez fait des paroles d'autrefois
une loi :
là où la vie *se fige*, s'érige la loi.

\*

c'est par là que j'ai commencé :
j'ai désappris la compassion envers *moi* !

*

votre amour trompeur
pour le passé :
votre amour de fossoyeur
il dépouille la vie :
vous lui volez son avenir.

*

Ma plus grave objection
je vous l'ai tue : la vie devenue ennuyeuse :
rejetez-la, afin que vous y repreniez goût !

*

cette sereine profondeur !
Ce qui, jadis, s'appelait étoile
est devenu simple salissure.

*

cet obstacle suprême,
cette pensée des pensées,

qui se l'est créée ?
C'est la vie même qui s'est créé
son suprême obstacle :
maintenant, elle saute à pieds joints par-dessus sa pensée.

\*

rêveurs, êtres crépusculaires,
et tout ce qui,
entre soir et nuit,
rampe, vole, et vacille sur ses pieds.

\*

ils mâchent des cailloux,
ils se prosternent à plat ventre
devant de petits objets ronds,
— ils adorent tout ce qui ne tombe pas
ces derniers serviteurs de Dieu !

\*

ce que l'on n'a pas,
mais dont on a besoin,
il faut se l'approprier :
ainsi me suis-je approprié la bonne conscience.

*

brûlé en secret,
non pour sa foi
mais bien parce qu'il n'avait plus le courage
d'aucune foi.

*

ce qui habite autour de vous
bientôt s'habituera à habiter en vous :
là où tu établis durablement ton siège
fleurissent des habitudes.

*

lits desséchés de fleuves,
âmes endurcies et ensablées

*

esprits obstinés,
subtils, mesquins

\*

sa froideur
figerait mon souvenir ?
ai-je jamais senti ce cœur
battre et brûler par et pour moi ?

\*

sous les rayons cendreux de terrestres lueurs
et du reflet d'un bonheur inconnu,
un lézard de lune et de nuit

\*

« aime l'ennemi,
laisse-toi ravir par le ravisseur » :
la femme l'entend — et le fait.

\*

dans les douze astres de ma vertu : elle a toutes les saisons

*

notre chasse à la vérité
est-elle une chasse au bonheur ?

*

l'on ne reste bon que si l'on oublie.
Les enfants qui n'oublient pas réprimandes et châtiments
deviennent sournois et secrets

*

L'aurore,
insolente de candeur,
jeta un coup d'œil et s'évanouit
Des nuées d'orage lui succédèrent.

*

Inquiets, comme des chevaux :
notre ombre ne danse-t-elle pas
en haut, en bas !
Que l'on nous conduise au soleil,
— contre le soleil !

*

des vérités faites pour nos pieds,
des vérités qui se puissent danser.

\*

spectres terrifiants,
grimaces tragiques,
gargouillements moralisants

\*

Nuées d'orage — quelle importance avez-vous
pour nous, esprits libres et gais comme l'air ?

\*

seriez-vous femmes,
pour vouloir souffrir
de ce que vous aimez ?

\*

Quand le solitaire
est saisi de frayeur
et court comme un fou
sans même savoir où,
quand des orages le poursuivent en hurlant,
quand l'éclair s'en prend à lui,
quand son antre avec ses spectres
lui fait peur —

*

je ne suis qu'un faiseur de mots ;
quelle importance ont donc les mots ?
Et moi, quelle importance ai-je donc ?

*

Trop tôt
je me remets à rire :
avec moi
un ennemi a peu de peine à s'arranger.

*

Par un ciel couvert
quand on décoche contre son ennemi des traits
et des pensées qui tuent...

*

comme sonnailles égarées
dans la forêt

*

c'est pour les braves, pour les cœurs joyeux,
les abstinents,
que je chante ce chant

Dithyrambes pour Dionysos[1]

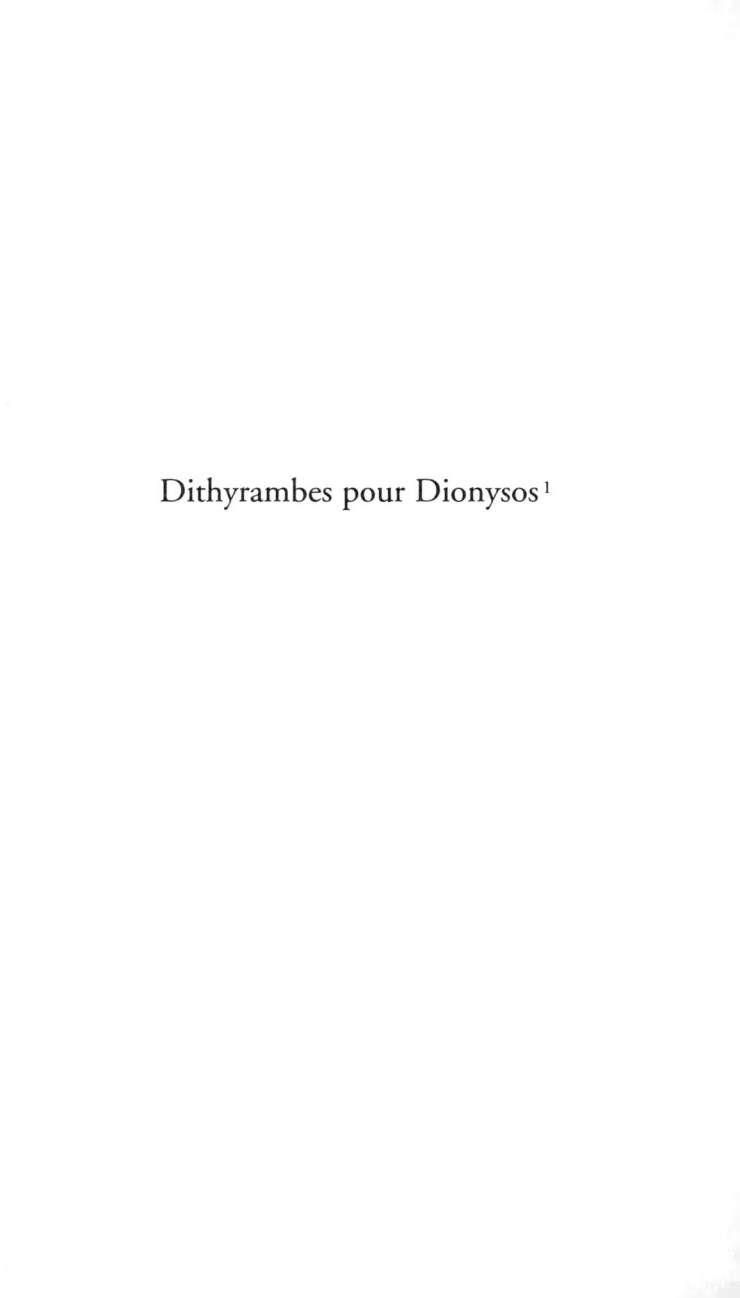

## Le Chant de la Nuit[1]

Il fait nuit : voici que s'élève plus haut la voix des fontaines jaillissantes. Et mon âme, elle aussi, est une fontaine jaillissante.
Il fait nuit : voici que s'élèvent tous les chants des amoureux. Et mon âme, elle aussi, est un chant amoureux.
Il y a en moi quelque chose d'inapaisé et d'inapaisable qui veut élever la voix. Il y a en moi un désir d'amour qui parle lui-même le langage de l'amour.
Je suis lumière : ah ! si j'étais nuit ! Mais ceci est ma solitude d'être enveloppé de lumière.
Hélas ! que ne suis-je ombre et ténèbres ! Comme j'étancherais ma soif aux mamelles de la lumière !
Et vous-mêmes, je vous bénirais, petits astres scintillants, vers luisants du ciel ! et je me réjouirais de la lumière que vous me donneriez !
Mais je vis de ma propre lumière, je ravale les flammes qui jaillissent de moi.
Je ne connais pas la joie de ceux qui prennent ; et sou-

vent j'ai rêvé que voler était une volupté plus grande encore que prendre.

Ma pauvreté, c'est que ma main ne se repose jamais de donner; ma jalousie, c'est de voir des pleins d'attente et des nuits illuminées de la nostalgie.

Ô misère de tous ceux qui donnent! Ô obscurcissement de mon soleil! Ô désir! Ô faim dévorante de la satiété!

Ils prennent ce que je leur donne : mais suis-je en contact avec leurs âmes? Il y a un abîme entre donner et prendre; et le plus petit abîme est le plus difficile à combler.

Une faim naît de ma beauté : je voudrais faire du mal à ceux que j'éclaire; je voudrais dépouiller ceux que je comble de mes présents : — c'est ainsi que j'ai soif de méchanceté.

Retirant la main, lorsque déjà la main se tend; hésitant comme la cascade qui dans sa chute hésite encore : — c'est ainsi que j'ai soif de méchanceté.

Mon opulence médite de telles vengeances : de telles malices naissent de ma solitude.

Mon bonheur de donner est mort à force de donner, ma vertu s'est fatiguée d'elle-même et de son abondance!

Celui qui donne toujours court le danger de perdre la pudeur! celui qui toujours distribue, à force de distribuer, finit par avoir des callosités à la main et au cœur.

Mes yeux ne fondent plus en larmes sur la honte des suppliants; ma main est devenue trop dure pour sentir le tremblement des mains pleines.

Que sont devenues les larmes de mes yeux et le duvet de mon cœur? Ô solitude de tous ceux qui donnent! Ô silence de tous ceux qui luisent!

Bien des soleils gravitent dans l'espace désert : leur lumière parle à tout ce qui est ténèbres, — c'est pour moi seul qu'ils se taisent.

Hélas! telle est l'inimitié de la lumière pour ce qui est lumineux!
Impitoyablement, elle poursuit sa course.
Injustes au fond du cœur contre tout ce qui est lumineux, froids envers les soleils — ainsi tous les soleils poursuivent leur course.
Pareils à l'ouragan, les soleils volent le long de leur voie; c'est là leur route. Ils suivent leur volonté inexorable; c'est là leur froideur.
Oh! c'est vous seuls, êtres obscurs et nocturnes, qui créez la chaleur par la lumière! Oh! c'est vous seuls qui buvez un lait réconfortant aux mamelles de la lumière.
Hélas! la glace m'environne, ma main se brûle à des contacts glacés! Hélas! la soif est en moi, une soif altérée de votre soif!
Il fait nuit : voici que mon désir jaillit comme une source — mon désir veut élever la voix.
Il fait nuit : voici que s'élève plus haut la voix des fontaines jaillissantes. Et mon âme, elle aussi, est une fontaine jaillissante.
Il fait nuit : voici que s'éveillent tous les chants des amoureux. Et mon âme, elle aussi, est un chant d'amoureux.

*Rien que bouffon! Rien que poète!*

Quand, dans l'air éclairci
Déjà la rosée verse,
Silencieuse autant qu'invisible,
Sa consolation sur la terre
— Car elle a le pied léger, la rosée consolatrice,
Comme tous les tendres consolateurs —
Te souviens-tu, te souviens-tu, cœur brûlant,
Combien jadis tu avais soif
De larmes célestes, de gouttes de rosée,
Combien, las et desséché, tu avais soif,
Tandis que sur l'herbe jaunie des sentiers
Les rayons du soleil couchant, méchamment
Te traquaient, à travers les arbres noirs,
Aveuglants regards de feu, pleins de joie maligne!

\*

— « Toi, l'Amant de la vérité ? » raillaient-ils.
Non. Rien que poète,
Animal rusé, prédateur, insinuant,
Condamné à mentir,
À mentir sciemment et consciemment,
Guettant avidement sa proie,
Masqué sous les changeantes couleurs.
À lui-même masqué,
À lui-même sa propre proie,
Cela — l'amant de la vérité ?

Rien que bouffon ! Rien que poète !
Ne parlant que paroles bigarrées,
Divaguant sous les masques bariolés du bouffon,
Voltigeant sous les trompeuses passerelles des mots,
Sous ces arcs-en-ciel mensongers,
Parmi de faux firmaments,
Voguant, flottant, errant çà et là.
Rien que bouffon ! Rien que poète !
Celui-là — l'amant de la vérité ?...

Non pas silencieux, rigide, lisse et froid,
Changé en statue,
En effigie divine
Non pas dressé au parvis des temples,
Gardien au seuil d'un dieu :
Non ! Ennemi de telles statues de la vertu,
Plus à l'aise dans les jungles que dans les temples,
Plein d'une exubérance de félin,
Sautant par toutes les croisées,

Hop! guidé par son flair vers tous les hasards,
Vers les plus immémoriales forêts,
Ah, que ne peux-tu *courir* par les forêts vierges,
Parmi les fauves tachetés,
Sain, beau et bariolé comme le péché,
Babines retroussées de désir,
Tirant sa volupté du sarcasme, des plaisirs infernaux et
                                              de l'avidité sanguinaire,
Que ne peux-tu *courir,* pillard, t'insinuant sans cesser de
                                                        mentir...

Ou bien pareil à l'aigle, qui longuement,
Longuement fixe son regard sur les gouffres,
Sur les gouffres bien à lui...
(Oh, comme ceux-ci s'enfoncent en tournoyant,
Toujours plus bas, plus intimement,
Jusqu'à des profondeurs sans fond!)
Puis
Soudain
D'un seul trait,
D'un vol ramassé,
Il fond sur l'*agneau,*
D'un coup brutal, affamé,
Avide d'agneau,
Furieux contre toutes ces âmes d'agneaux,
D'une folle furie contre tout ce qui paraît
Vertueux, doux comme brebis, laineux, frisotté,
Stupide, d'un bon vouloir bêlant d'agneau de lait...

Ainsi,
Pareils à ceux de l'aigle ou de la panthère,
Sont les désirs du poète,
Sont tes désirs, sous mille masques,

Toi le bouffon! toi le poète!
Toi qui en l'homme as vu
Aussi bien *Dieu* qu'agneau,
*Déchirer* Dieu en l'homme,
Comme en l'homme l'agneau,
Et rire en le déchirant!

Voilà, voilà ta félicité,
Celle de la panthère et de l'aigle
Félicité de poète et de bouffon.

Quand, par un air plus limpide,
Déjà s'avance le croissant de la lune,
Verte parmi les rougeoiements empourprés,
Et jalousement se glisse,
Ennemie du jour,
Fauchant à chaque pas, furtivement,
Les treilles de roses
Jusqu'à ce qu'elles s'affaissent
Et blêmes s'évanouissent dans la nuit :
Ainsi suis-je tombé moi-même jadis,
Du haut de ma folie de vérité,
De mes désirs de jour,
Las du jour, malade de lumière,
Ainsi ai-je sombré vers le fond, vers le soir, vers l'ombre,
Brûlé et assoiffé
Par une vérité unique…
T'en souviens-tu encore, t'en souviens-tu, cœur brûlant,
Quelle était alors ta soif?
Puissé-je être banni
De toute vérité!
Rien que bouffon! Rien que poète!

## *Chez les filles du désert*

1

« Ne pars pas ! dit alors le voyageur qui se faisait nommer l'Ombre de Zarathoustra, reste avec nous, sinon l'antique et ténébreuse affliction pourrait bien fondre à nouveau sur nous.

Déjà le vieil Enchanteur nous a prodigué comme son meilleur tour ce qu'il avait de plus mauvais, et vois donc, le bon Pape si pieux en a les larmes aux yeux — et déjà il s'est embarqué sur l'océan de la mélancolie.

Ces Rois-là peuvent bien nous faire bonne figure : mais je parie que s'ils étaient sans témoins, ils reprendraient eux aussi le vilain jeu !

— le vilain jeu des nuages errants, de l'humide mélancolie, des ciels couverts, des vents d'automne hurleurs,

— le vilain jeu de nos cris, de nos appels de détresse : reste avec nous, Zarathoustra ! Il y a ici tant de malheur caché qui voudrait parler, beaucoup de crépuscule, beaucoup de sombres nuages, beaucoup d'air vicié !

Tu nous as nourris de mets si virils et fortifiants, et de si fortes maximes : ne permets pas qu'au dessert nous soyons surpris à nouveau par ces amollissantes âmes efféminées !

Toi seul tu sais rendre autour de toi l'air fort et pur ! Ai-je jamais trouvé sur terre un air aussi pur que chez toi dans ta caverne ?

J'ai pourtant vu bien des pays ; mon nez a appris à humer et à apprécier plus d'un air : mais c'est auprès de toi que mes narines éprouvent leur plus grande joie !

Si ce n'est, si ce n'est, ô pardonne-moi un vieux souvenir ! Pardonne-moi un vieux chant d'après-souper, qu'un jour, chez les filles du désert, j'ai composé.

Car auprès d'elles il y avait toujours le bon air limpide de l'Orient ; c'est là-bas que j'ai été le plus éloigné de la vieille Europe embrumée, mélancolique et humide !

Car j'aimais alors ces filles d'Orient et cet autre royaume du ciel d'azur, sur lequel ne planaient ni nuages ni pensées.

Vous ne sauriez imaginer avec quelle sagesse elles se tenaient assises, lorsqu'elles ne dansaient pas, profondes, mais sans pensées, comme de frêles mystères, comme des énigmes enrubannées, comme des noix gardées pour le dessert.

Diaprées, sans doute, étranges, mais sans nuages ! des énigmes qui se laissent déchiffrer : c'est pour l'amour de ces petites que j'ai inventé ce psaume à chanter au dessert ! »

Ainsi parlait le voyageur, qui se faisait nommer l'Ombre de Zarathoustra ; et avant que personne ait répondu, il avait déjà saisi la harpe du vieil Enchanteur, et croisant les jambes il jeta autour de lui un regard calme et sage ; pourtant ses narines aspiraient l'air avec lenteur et méfiance, comme quelqu'un qui en pays nouveau goûte de l'air nouveau. Puis, après une sorte de vocifération, il entonna un chant.

2

*Le désert croît : malheur à qui abrite des déserts...*

3

Ah !
Solennel !
Digne commencement !
D'une solennité africaine !
Digne d'un lion,
Ou bien d'un singe hurleur moralisant...
— Mais ce n'est pas digne de vous,
Mes très charmantes amies,
Aux pieds de qui
Il m'est donné à moi, un Européen,
De m'asseoir sous les palmiers. *Sebah.*

Étrange, en vérité !
Me voici là, assis
Près du désert, et déjà
Très loin du désert,
Et pourtant dévasté et même réduit à néant :
Car englouti
Par cette toute petite oasis
— Précisément en bâillant elle ouvrit

Sa charmante bouche,
La plus odorante de toutes les petites bouches :
Et j'y tombai,
M'y enfonçai, y passai, pour me retrouver — parmi vous
Vous mes très charmantes amies ! *Sebah.*

Gloire, gloire à cette baleine
Qui veilla ainsi au bien-être
De son hôte ! — vous saisissez
Mon allusion savante ?...
Gloire à son ventre
Qui fut
Un si aimable ventre-oasis,
Pareil à celui-ci : mais j'en doute.
Car je viens de cette Europe,
Qui est plus incrédule que toutes les jeunes épousées.
Puisse Dieu l'amender !
Amen !

Me voici là, assis
Dans cette minuscule oasis,
Pareil à une datte,
Bruni, gonflé de sucre et d'or,
Convoitant une bouche ronde de jeune fille,
Mais davantage encore ses dents de jeunette,
Glacées, blanches comme neige, tranchantes :
Car c'est après elle que languit
Le cœur de toutes les dattes brûlantes. *Sebah.*

Pareil à ces fruits du midi,
Trop pareil,
Je me suis couché là,
Entouré de petits insectes ailés,

Qui font une ronde enjouée autour de moi,
Mais aussi de caprices et de désirs plus ténus encore,
Plus fous et plus méchants,
Assiégé par vous,
Muettes, mystérieuses,
Filles-chattes,
Doudou et Souleika,
— Tout *ensphinxé*, au point qu'en un mot nouveau,
Je bourre d'une multitude de sentiments
— (Dieu me pardonne
Ce péché contre la langue)
Me voici là assis, humant l'air le plus pur,
Un air paradisiaque pour de vrai,
Un air léger, transparent, strié d'or,
Air si bon qu'il en tomba
Jamais de la lune
— Était-ce par hasard
Ou bien par présomption
Que cela est arrivé ?
Comme le content les poètes d'autrefois.
Mais moi le douteur, j'en doute,
C'est que je viens
De l'Europe,
Qui est davantage rongée par le doute que toutes les
                                          petites épouses.

Puisse Dieu l'améliorer !
Amen.


Respirant cet air parfait,
Narines gonflées comme coupes,
Sans avenir, sans souvenirs,
Me voici là assis, parmi vous,
Amies bien-aimées !

Et je contemple le palmier,
Qui, telle une danseuse,
Se ploie et se courbe, ondule des hanches,
— on l'imite, lorsqu'on la regarde longtemps!
— Telle une danseuse, qui, me semble-t-il,
S'est tenue trop longtemps, dangereusement longtemps,
Toujours, toujours sur *une seule* jambe?
— Alors elle en oublia, ce me semble,
L'autre jambe?
Car c'est en vain que j'ai cherché
Le trésor jumeau manquant
— L'autre jambe donc —
Dans le saint voisinage
De leurs très charmantes et coquettes
Jupes de chiffons, jupes flottantes à paillettes.
Oui, si vous voulez m'en croire absolument,
Mes belles amies,
Disons qu'elle l'a *perdue*...
Hou! Hou! Hou! Hou! Hou!
Elle s'en est allée,
pour toujours,
L'autre gambette?
Ô quel dommage pour cette autre jambe si gracieuse,
Où a-t-elle trouvé refuge et pleure-t-elle son abandon,
Cette petite jambe esseulée?
Terrorisée peut-être
Par un monstre cruel, un lion jaune
À la crinière d'or? Ou bien déjà
Rongée, grignotée...
Hélas! Pitié! Malheur! Complètement grignotée! *Sebah*.

Oh ne versez pas de larmes
Cœurs tendres!

Ne versez pas de larmes,
Cœurs de dattes! Seins de lait!
Cœurs de réglisse
Courage, courage, Souleika! Sois un homme!
Cesse de pleurer,
Pâle Doudou!
Ou bien vous faudrait-il
Quelque fortifiant, un cordial,
Qui serait peut-être ici à sa place?
Quelque maxime embaumée?
Quelque solennelle admonestation?

Ah!
Debout, dignité!
Gonfle-toi, regonfle-toi
Outre de vertu!
Ah!
Rugir à nouveau,
Prêcher en rugissant
Tel un lion moralisant, rugir face aux filles du désert!
— Car des hurlements vertueux,
Très charmantes jeunes filles,
Volent plus que tout,
Ce sont ferveurs d'Européen, fringales d'Européen!
Et me voici redevenu
Européen,
Je n'en puis mais, que Dieu m'aide!
Amen!

Le désert croît — malheur à qui abrite des déserts!
La pierre crisse contre la pierre, le désert enserre et il
                                       étouffe.

La monstrueuse mort jette un regard brûlant et ténébreux,
et mâche — sa vie n'est que mastication...

*Ne l'oublie pas, homme que la volupté consume :
C'est toi la pierre, le désert, toi qui es la mort.*

*Entre oiseaux de proie*

Celui qui veut tomber,
Très vite,
L'abîme l'engloutit !
— Mais toi, Zarathoustra,
Tu aimes jusqu'au gouffre,
Et tu imites le sapin !

Il prend racine
Là où le rocher lui-même
Penche avec effroi vers l'abîme,
Il hésite au bord des gouffres,
Où toute chose alentour
Aspire au précipice.
Au milieu de l'impatience
Des sauvages éboulis et des chutes d'eau,
Il demeure calme, patient, dur, muet,
Solitaire…

*Solitaire*!
Mais qui oserait

Accepter une telle hospitalité,
La tienne.

Peut-être un oiseau de proie,
Qui, lui, s'accroche
Aux cheveux du martyr endurant,
Plein d'une joie maligne,
Avec un ricanement insensé,
Un ricanement d'oiseau de proie :

À quoi bon tant d'endurance ?
— raille-t-il si cruellement :
quand on aime l'abîme, il faut avoir des ailes…
et ne pas rester en suspens
comme toi, le pendu !

Oh Zarathoustra,
le plus cruel des Nemrods !
Naguère encore chasseur de Dieu,
piège de toutes les vertus,
flèche du mal !
Désormais…
traqué par toi-même,
tu es ta propre proie,
Fichée en toi-même…

Désormais…
seul avec toi,
dédoublé dans ton propre savoir,
parmi cent miroirs
à tes propres yeux fallacieux,
parmi cent souvenirs
incertain,

épuisé par chaque blessure,
transi à chaque gelée,
étranglé par tes propres liens,
*connaisseur de toi-même!*
*bourreau de toi-même!*

Pourquoi te lier
avec la corde de ta sagesse?
Pourquoi t'attirer
au paradis de l'antique serpent?
Pourquoi t'insinuer
en *toi* — en *toi*?...

Un malade, désormais,
victime du venin,
un prisonnier, désormais,
qui a tiré le plus dur des sorts :
travaillant courbé
dans son propre puits,
creusant en toi-même ta propre caverne,
ta propre tombe,
désemparé,
engourdi,
cadavre —
sur qui s'élève une tour de mille fardeaux
écrasé par toi-même,
un *savant!*
*Qui se connaît lui-même!*
Le *sage* Zarathoustra!...

Tu as cherché le fardeau le plus lourd :
et c'est *toi* que tu as trouvé —
tu ne te débarrasseras pas de toi...

Aux aguets,
accroupi,
tu ne sais déjà plus te tenir droit !
Tu ne vis plus qu'en dégénérant avec ta tombe,
esprit *dégénéré !...*

Et naguère si fier encore,
monté sur toutes les échasses de ton orgueil !
Naguère encore, ermite solitaire et sans Dieu,
ermite partageant sa solitude avec le diable,
prince écarlate de toute démesure !...

Désormais —
recroquevillé
entre deux néants,
point d'interrogation,
énigme éculée —
énigme pour *oiseaux de proie...*

ils viendront bientôt te « résoudre »
ils ont déjà faim en pensant à cette « solution »,
ils battent des ailes autour de toi, leur énigme,
autour de toi, pendu !...
Oh Zarathoustra !...
*connaisseur de toi-même !*
*bourreau de toi-même !*

*Dernière volonté*

Mourir ainsi
Que je le vis un jour mourir,
L'ami qui d'éclairs et d'éclatants regards
Illumine, tel un dieu, la nuit de ma jeunesse.
Espiègle et profond,
Un danseur dans la bataille,

Le plus gai parmi les guerriers,
Le plus grave des vainqueurs,
Sur son destin posant un destin,
Dur, méditatif, prévoyant,

Tout frémissant devant sa victoire,
Exaltant d'avoir vaincu par sa *mort*,
Il ordonnait alors même qu'il mourait,
— Et son ordre était de *détruire*...

Mourir ainsi
Que je le vis un jour mourir
Triomphateur et *destructeur*...

*Gloire et éternité*

1

Depuis quand niches-tu
Sur ton infortune?
Prends garde! tu vas nous couver bientôt
Un œuf,
Un œuf de basilic,
Que ton long chagrin va faire éclore!

Pourquoi Zarathoustra rôde-t-il au flanc de la montagne?

Méfiant, sombre, ulcéré
Quel patient guetteur!
Mais soudain un éclair,
Éblouissant, effroyable, monte d'un coup
De l'abîme vers le ciel:
— Et la montagne elle-même secoue
Ses entrailles.

Là où la haine et la foudre
Se sont réunies en une malédiction —,
À présent la colère de Zarathoustra habite les monts,
Et une nuée d'orage rampe sur son chemin.

Tapissez-vous sous votre dernière couverture !
Au lit, vous autres douillets !
Maintenant le tonnerre roule sous les voûtes,
Et tremble ce qui est mur ou poutre,
Et dansent les éclairs et les sulfureuses vérités —
C'est Zarathoustra qui *maudit*...

2

Cette monnaie que tous
Donnent en paiement,
*La gloire* —,
Cette monnaie, j'y touche avec des gants,
Je la jette *à mes pieds* et la piétine avec dégoût.

*Qui* veut être payé ?
Ceux qui sont à vendre...
Qui est vénal, tend
Ses graisseuses mains
Vers ce clinquant cliquetis de fous, la gloire !

— Veux-tu les acheter ?
Ils sont tous à vendre,
Mais offre-leur gros,
Fais sonner bourse pleine !
— Sinon tu les *fortifierais*,
Tu fortifierais leur vertu...

Ils sont tous vertueux
Gloire et vertu — cela s'accorde.
Aussi longtemps que vivra le monde,
Il paiera le caquet de la vertu
Avec le cliquetis de la gloire —,
Ce bruit-là nourrit l'univers.

Devant tous les vertueux
Je veux être débiteur,
Être nommé l'endetté, le chargé de toute grande dette !
Devant tous les claironneurs de gloire,
Mon ambition se fait ver de terre :
Parmi ceux-là me prend envie
D'être *le dernier des derniers*...

Cette monnaie que tous
Donnent en paiement,
*La gloire,*
Cette monnaie, j'y touche avec des gants,
Je la jette *à mes pieds* et la piétine avec dégoût.

3

Silence !
Face aux grandes choses — et j'en vois de grandes —
Il faut se taire
Ou parler grandement :
Parle haut, ma sagesse extasiée !
Je regarde là-haut,
Où roulent des mers lumineuses :
Ô nuit, ô silence, ô bruyant silence de mort !

J'aperçois un signe :
Du plus lointain des lointains
Vers moi lentement descend, étincelante, une
                                          constellation…

4

Très haute constellation de l'être !
Table de figures éternelles !
Est-ce toi qui viens à moi ?
Ce que personne n'a vu,
Ta muette beauté,
Comment ? Elle ne fuit pas mes regards…

Enseigne de la nécessité !
Table de figures éternelles !
Tu le sais déjà :
Ce que tous détestent,
Ce que *je* suis seul à aimer,
Que tu es *éternelle*,
Que tu es *nécessaire* !
Mon amour ne s'enflamme
Éternellement qu'à la seule nécessité.

Enseigne de la nécessité !
Très haute constellation de l'être !
Toi qu'aucun vœu n'atteint
Que ne souille aucun Non,
Éternel Oui de l'être,
Éternellement je suis ton Oui :
*Car je t'aime, Ô Éternité !*

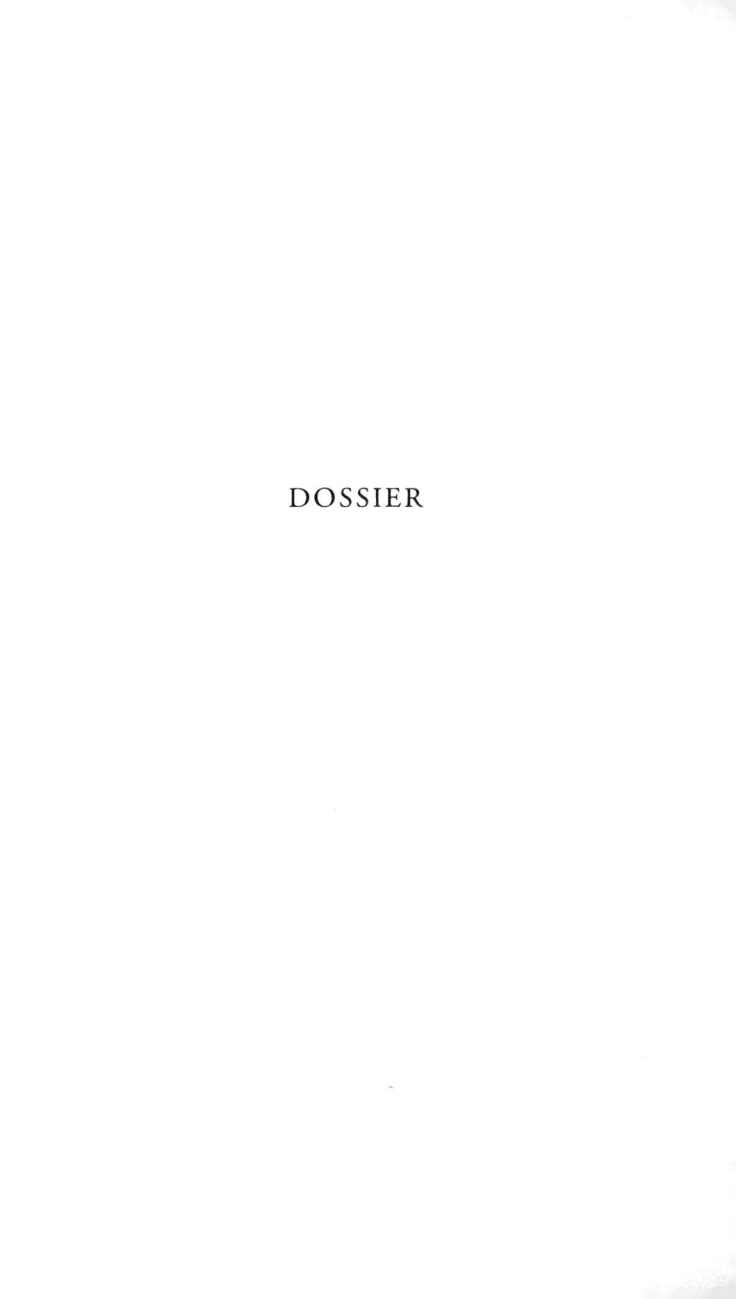

# DOSSIER

# CHRONOLOGIE

## 1844-1900

*1844.* Friedrich Wilhelm *Nietzsche* naît le 15 octobre à Röcken, près de Leipzig ; son père, Karl Ludwig, est pasteur luthérien. Sa mère est elle-même fille du pasteur David Oehler. Son grand-père paternel, Friedrich August Nietzsche, fut d'abord pasteur, avant de devenir fonctionnaire régional : surintendant.

*1849-1850.* Mort prématurée du père le 30 juillet 1849, à la suite d'une maladie nerveuse (encéphalite). Quelques mois après, en février 1850, son frère cadet meurt à son tour, à l'âge de deux ans. Dès avril de la même année, Nietzsche est arraché à son milieu natal : lui qui dans son enfance avait été très attaché à son père, en éprouve un traumatisme profond — dont témoignent de nombreux poèmes de jeunesse. Il habite désormais chez sa grand-mère à Naumbourg auprès de sa mère, Franziska Oehler et de sa sœur Elizabeth, de deux années plus jeune. Dès l'âge de 13 ans, et jusqu'à 20 ans, le jeune Nietzsche écrit des centaines de poèmes et fait de nombreuses compositions musicales.

*1858-1864.* Excellentes études secondaires au célèbre Collège de Pforta (dont le nom vient de *Porta Cæli*, « Porte du Ciel ») construit dans les bâtiments d'une ancienne abbaye cistercienne, transformée à la Renaissance en l'une des institutions de formation, notamment gréco-latine, les plus avancées d'Allemagne. Elle était régie par des règles quasi monacales (lever à 5 h, début des cours à 6 h). Fichte, J.E. Schlegel, Novalis, Wilamowitz y furent formés. À 17 ans, Nietzsche lisait, parlait et écrivait couramment non pas seulement le latin, mais le grec ancien !

*1865.* Très brillantes études de philologie grecque à l'université de

Bonn. Son talent exceptionnel est aussitôt reconnu par le grand helléniste Ritschl, qu'il suit à l'université de Leipzig. Une amitié et une admiration réciproques se nouent entre eux. Nietzsche écrit de nombreuses études, qui font aussitôt autorité, sur le poète Théognis de Mégare, sur Homère et Hésiode, sur Diogène Laërce... C'est à Leipzig, à 21 ans, qu'il découvre aussi, à la faveur de sa première lecture enthousiaste de Schopenhauer, sa vocation de philosophe.

*1869.* Sur la chaleureuse recommandation de Ritschl, il est nommé, à 24 ans, professeur de philologie classique à l'université de Bâle. Amitié avec Richard Wagner, en qui il voit l'Eschyle des temps modernes, le promoteur d'une renaissance du drame musical antique, le rénovateur de l'opéra tombé en décadence au XVIII$^e$ siècle. Durant son séjour à Bâle, il rend de nombreuses visites à Wagner, déjà célèbre (et de 31 ans son aîné!), et à son épouse Cosima, dont il est secrètement épris et qui lui voue ouvertement une grande tendresse. Il rend de nombreuses visites aux Wagner qui se sont établis en Suisse, à Tribschen, près de Lucerne, leur dédie nombre de textes, et leur lira, en 1871, le manuscrit de la *Naissance de la tragédie*, mais échouera à les convertir à sa pensée.

*1870.* Engagé volontaire comme infirmier dans la guerre franco-allemande, il tombe gravement malade (diphtérie, dysenterie). Il a en outre un sérieux accident de cheval qui le tient longtemps alité. La maladie qui se manifeste sous de nombreuses formes — troubles oculaires, violents maux de tête durant des semaines, troubles gastro-entériques sévères, insomnies, etc. — ne cessera de le poursuivre depuis son plus jeune âge (13 ans) jusqu'à la fin. Mais ces maux divers sont assurément en relation avec la « paralysie générale » — liée à une syphilis nerveuse contractée à Bonn — qui éclatera début 1889 et détruira d'un coup son identité personnelle et toute activité mentale.

*1872.* Son ami, le brillant helléniste et philosophe Erwin Rohde, profond connaisseur de la religion grecque (voir son livre *Psyché*), s'efforce de faire connaître au public *La Naissance de la tragédie*, et de défendre cette première œuvre à la fois face au silence méfiant de toute la critique littéraire et contre les vives attaques qu'elle suscite parmi les philologues professionnels, tels Wilamowitz, son jeune condisciple de Pforta, qui publie contre lui un pamphlet brutal et venimeux.

*1873-1874. Considérations inactuelles*, I à III. Dans la IIIe (« Schopenhauer éducateur ») il ne dit rien de la philosophie de Schopenhauer, qu'il a reniée, sans l'avouer encore publiquement.
*1875.* Rencontre le musicien Peter Gast, son ami le plus proche auquel il ne cessera de se confier avec la plus totale sincérité et adressera des lettres nombreuses et riches de pensée. Ses amis lui seront à la fois des confidents intimes et, surtout à cause des voyages incessants, des correspondants éloignés. Ce sont surtout d'anciens camarades de classe (*P. Deussen, von Gersdorff*), des collègues de Bâle (l'illustre historien de l'art *Jacob Burckhardt*, ou *Overbeck* qui le ramènera de Turin dans une clinique de Bâle en janvier 1889), des connaissances plutôt « mondaines » (*Malvida von Meysenbug* qui l'invitera à venir se reposer l'année suivante dans sa villa de Sorrente ; *von Seydlitz*). Il est clair que par cet inlassable échange de lettres (le dernier, au bord de la démence, avec *Strindberg*!) il s'efforce de compenser une solitude croissante, comme de répondre à un besoin d'amitiés électives et de communication intense et quasi désespérée.
*1876.* Rupture d'abord secrète avec Wagner, qui vient d'inaugurer le Festival de Bayreuth. Nietzsche a d'abord fait campagne pour Bayreuth, puis constaté avec amertume que se retrouvaient, là, à la fois la bourgeoisie nationaliste bismarckienne et la résurrection esthétisée de thèmes chrétiens : cf. ci-dessus p. 100 *À Richard Wagner* : « Toi aussi tu t'es effondré au pied de *la Croix*! »... au milieu de « nuées d'encens » et dans le « parfum de prostituées bigotes ». Malvida tente, à Sorrente, en invitant avec lui le couple Wagner, une ultime réconciliation. Il s'aperçoit que Wagner n'a pas compris un mot de sa philosophie, et probablement le méprise. Il rendra sa rupture publique dès le début de 1877.
*1878-1879.* Publication des deux parties de *Humain, trop humain*.
*1879.* De plus en plus éprouvé par la maladie, et voyant son métier de professeur de philologie grecque (le département de Philosophie de Bâle avait refusé d'accepter sa candidature) incompatible avec l'approfondissement de sa tâche de philosophe, Nietzsche prend au printemps sa retraite de l'université. Il obtient une maigre pension, évitant tout juste la misère. Commencent alors dix ans de voyages continuels et de séjours qui se partagent entre la côte méditerranéenne et les hautes Alpes où il espère trouver le climat le plus favorable à sa santé et à l'épa-

nouissement de sa pensée. Ce sont, en hiver, les sites accueillants de Nice, Èze, Rapallo, Porto-Fino, Gênes, où il vit dans de très modestes « pensions » ; en été, les Alpes de Haute-Engadine, particulièrement Davos, et la haute vallée de Sils-Maria.

*1881.* C'est là, pendant l'été, probablement début août 1881, qu'au cours d'une promenade le long du lac de Silva-Plana, devant le rocher de Surleï, « à six mille pieds au-dessus de l'humanité », que Nietzsche éprouve l'expérience instantanée, se trouve soudain pénétré de la certitude de l'*Éternel Retour*. À ce moment même, surgit aussi : « à côté de moi », « mon double » : Zarathoustra — celui qu'il appellera « le porte-parole de l'Éternel Retour », et qui ne cessera de le hanter.

*1882.* Il compose les quatre premiers livres du *Gai Savoir*. Il rencontre Lou Salomé, talentueuse Finlandaise (elle publiera le premier ouvrage sur la vie et l'œuvre de Nietzsche). Vivement, il espère un moment qu'elle sera à la fois sa disciple, sa confidente et son amie intime, mais son projet de « mariage » échoue — en grande partie par sa propre maladresse.

*1883-1884.* Compose les livres I, II, III, IV de *Ainsi parlait Zarathoustra*, successivement à Rapallo et Nice (I), Sils-Maria (II) et de nouveau à Nice (IV). Le présent recueil donne nombre d'ébauches ainsi que de poèmes achevés et de fragments poétiques liés à la composition de *Zarathoustra IV*, durant l'hiver 1884-1885.

*1886.* « Essai d'Autocritique » : seconde Préface à la *Naissance de la tragédie*. *Par-delà bien et mal.*

*1887.* Livre V du *Gai Savoir* (et les *Lieder* qui le terminent). *La Généalogie de la morale.*

*1888.* C'est la dernière et grande année de production de Nietzsche : il achève en particulier *Ecce homo*, *Le Crépuscule des idoles*, *Nietzsche contre Wagner*, *l'Antéchrist*. Il termine aussi le recueil des *Dithyrambes pour Dionysos*.

*1889.* Plongé depuis le 3 janvier dans un mutisme rapidement total, après un bref séjour à la clinique psychiatrique d'Iéna, Nietzsche est soigné par sa mère jusqu'à la mort de celle-ci, en 1897, puis par sa sœur, qui quittera Naumbourg à cette date pour s'installer à Weimar.

*1900.* Nietzsche meurt à Weimar le 25 août, dans la maison de sa sœur, qui abritera le premier *Nietzsche-Archiv*.

Il laisse une œuvre posthume immense, magnifiquement conservée. Citons en particulier en dehors des Poèmes, des Compositions musicales et de la Correspondance :
— les Œuvres philologiques jusqu'à la fin de la période de Bâle (1864-1876) ;
— les Fragments, à la fois pour les œuvres publiées et pour les œuvres en projet après 1881 sous divers titres dont : « La Transvaluation de toutes les valeurs », « La Volonté de puissance », « L'Innocence du devenir », « Philosophie de l'avenir », « L'Éternel Retour », etc.

# NOTES

### *Poèmes de jeunesse (1858-1871)*

*Saaleck p. 30.*

1. Ancienne forteresse gothique (*Burg*) en ruine située sur une falaise surplombant la Saale (affluent de l'Elbe). Le collège de Pforta se trouve précisément dans la vallée de la Saale et le *Burg* de Saaleck était un lieu familier d'excursion pour les collégiens de Pforta, avec une rude montée, rapporte Nietzsche dans l'une de ses autobiographies.

*De rapides coursiers m'emportent p. 34.*

1. Allusion peut-être aux célèbres premiers vers du *Poème* de Parménide, mais Nietzsche n'est qu'au tout début de ses études secondaires ! Allusion peut-être — puisqu'il s'agit d'un départ loin de la patrie — à la nuit du départ de Röcken (fin janvier 1850) où les chevaux déjà attelés attendaient dans la cour avant de s'élancer à travers la campagne vers Naumbourg (*Écrits autobiographiques, op. cit.*, pp. 20-21).

*Je te vis debout, solitaire, à part p. 44.*

1. Ce « toi » (*Sah ich dich stehen*, « je te vis debout ») reste indéterminé dans le texte, quant à son genre et à son identité : homme, femme, ou spectre lui-même ? On notera l'étrange et volontairement inquiétant passage du « je » au « tu », puis au « il », pour désigner le narrateur du poème.

*se noyer dans le Tout p. 45.*

1. Cf. la « mort d'Isolde », dans l'opéra de Wagner.

*les cloches tintent p. 53.*

1. Le tintement des cloches, lié à une tonalité triste, voire lugubre et désespérée, est présent au début ou à la fin de nombreux poèmes de jeunesse, soit *Nostalgie, Premier adieu, Retour au pays*, etc. Il s'agit sans nul doute d'un rappel de cette prime enfance passée au presbytère auprès du père, tout près de l'église dont les cloches rythmaient à coup sûr la vie et les heures de l'enfant — ainsi l'*Abendglocke* souvent mentionnée. Que cette époque ait été embellie, rendue idyllique, paraît clair, entre autres dans ce texte autobiographique (qui date de 1859, dix ans après la mort du père), cf. *Écrits autobiographiques*, P.U.F., p. 43 :

« Ma prime jeunesse s'écoula, paisible et heureuse, et me berça tendrement comme un doux rêve. [...] La paix et le repos qui régnaient dans la maison d'un pasteur imprimèrent dans mon cœur leurs traces profondes et impérissables. Mais soudain le ciel s'assombrit. Mon père chéri tomba gravement et durablement malade. Subitement l'angoisse et l'attente anxieuse se substituèrent à la paix merveilleuse et au paisible bonheur familial [...] Mon père mourut. Encore aujourd'hui cette pensée m'atteint profondément et douloureusement. »

*ma joie est morte, mon cœur est lourd p. 53.*

2. Reprise du célèbre passage du *Faust* de Goethe, « La chambre de Marguerite », vers 3375-3376, devenu le *Lied* non moins célèbre de Schubert, « Marguerite au rouet » :

*Meine Ruh' ist hin*
*Mein Herz ist schwer...*

(répété trois strophes plus loin, comme Nietzsche le fait, deux strophes plus loin).

Nietzsche écrit : « Mein Freud ist aus, mein Herz ist schwer », en inversant les mots à la deuxième strophe.

*[...] p. 57.*

1. Ici le texte manque : cf. éd. Beck, Munich, 1934, p. 69.

*Sur la porte de ma maison* p. 78.

1. Ce quatrain figure en épigraphe sur la page de titre de la 2ᵉ édition du *Gai Savoir* (1887).

## *Fragments poétiques 1884-1885*

*Soyons de ce monde!*
*L'éternel masculin* p. 83.

1. Parodie sous forme d'inversion des derniers mots du « Chœur mystique » sur lesquels s'achève le *Second Faust* de Goethe :

> « *Tout ce qui est passager*
> *N'est que symbole…*
> *L'éternel-féminin*
> *Nous attire vers le haut.* »

Au lieu de :

> « Das Ewig-Weibliche
> Zieht uns hinan »

Nietzsche écrit :

> « Das Ewig-Männliche
> Mischt uns hinein »

(littéralement : « nous fiche dedans », « nous met dans le pétrin »).

*Salut de l'ouïe et des sens* p. 88.

1. L'Aigle, porteur de l'espérance sacrée, annonciateur du Salut, parèdre du Dieu suprême, devient chez Nietzsche, bien avant le *Zarathoustra*, « mon aigle ! ». Et bien que le thème de l'Aigle, comme celui de la nouvelle Grèce, soit évidemment inspiré par Hölderlin (*Patmos*, Pléiade, pp. 867 et 900), comme, à la strophe suivante, la critique de la « cacophonie allemande », ces thèmes sont parés du rayonnement de la *présence actuelle* et libérés de la *nostalgie* du « deuil sacré ». Contrairement à Hölderlin, Nietzsche, en parlant de « mon aigle », se donne comme horizon « céleste » un salut en ce monde-ci, dans le sensible « de l'ouïe et des sens », et dans le surhumain.

*vers des rivages grecs p. 88.*

2. Autre reprise d'un thème hölderlinien, celui de la laideur allemande et du retour à la patrie grecque.

*cette bêtise d'agneaux p. 90.*

1. Les moutons ou les agneaux font allusion au troupeau bêlant, à la foule stupide, peut-être même à l'Agneau de Dieu. Ils sont opposés à l'Aigle, qui symbolise le type solitaire, noble, qui fait encore preuve « d'amour » pour l'agneau quand il fond sur lui pour le déchirer (symbole d'une vérité trop forte, qui tue).

*du vin p. 99.*

1. Au créateur, à l'artiste, l'ivresse visionnaire, état d'extrême lucidité est donnée, sans qu'il ait besoin de vin.

*À Richard Wagner p. 100.*

1. L'évolution de Wagner le conduit pour Nietzsche à une certaine restauration — de plus en plus accentuée de *Tannhaüser* à *Parsifal* — des valeurs chrétiennes mêlées à « l'idéal ascétique » hérité de Schopenhauer (renoncement aux sens et à l'amour charnel, éloge de la chasteté, voire l'abêtissement !). Cf. l'exposé des objections, davantage « physiologiques » qu'idéologiques, que Nietzsche formule contre la musique wagnérienne, notamment dans *Nietzsche contre Wagner*.

*À Spinoza p. 101.*

1. Ce court poème traduit toute l'ambivalence de Nietzsche à l'égard de Spinoza, tantôt vu comme le redécouvreur de l'innocence de la nature, le grand affirmateur, le grand athée, tantôt comme la *Spinne*, la tarentule, l'araignée qui tisse la trame du ressentiment en tissant autour des choses le cocon de la raison.

*Yorick tzigane p. 109.*

1. Yorick, ce nom du « bouffon du roi » dont Hamlet (dans la pièce de Shakespeare) tient le crâne dans sa méditation au cimetière, est un

personnage de la mythologie personnelle de Nietzsche, le personnage du « fou-poète » qu'évoque l'un des *Dithyrambes* (*Nur Narr, nur Dichter...* « Rien qu'un bouffon, rien qu'un poète »), et qui apparaît dans les ébauches poétiques sous de multiples figures, surtout *Yorick tzigane*, (p. 109), *Yorick-poète, Yorick parmi les glaces, Yorick à Venise, Yorick-Colomb* (p. 110) ou le *Nouveau Yorick*, comme le Voyageur, l'Exilé, le Sans-Patrie, mais aussi le Découvreur, le Créateur. Yorick est une sorte de double affaibli de Zarathoustra, ou de Nietzsche lui-même.

## *Derniers fragments — Automne 1888*

*Hyperboréens p. 189.*

1. Les hyperboréens étaient dans la mythologie grecque un peuple vivant dans l'extrême nord de la terre, « au-delà du vent du Nord » (qui se nomme Borée). Selon le mythe, ou l'une de ses versions, Apollon aurait séjourné et séjournerait périodiquement chez les hyperboréens, dont il aurait appris la magie, la part non solaire de son art de guérir.

*répandue sur les champs p. 192.*

1. Dans le *Zarathoustra*, la « lourde nuée d'orage » symbolise la force accumulée dont devrait jaillir un jour « l'éclair du surhumain », tandis que sans doute ici la « richesse » est celle d'une moisson dorée, dont l'or symboliserait l'*Anneau d'or* de l'Éternel Retour enseigné par son porte-parole.

## *Dithyrambes pour Dionysos*

1. La traduction précédente adoptée par Jean-Claude Hémery (Gallimard, 1974), *Dithyrambes de Dionysos,* supposerait un tout autre sens que le sens traditionnel du mot dithyrambe : un chant adressé *à* Dionysos, dédié et consacré à lui, chanté en son honneur. Ce chant paradoxalement lui serait attribué aussi comme « auteur ». Ce transfert de la fonction du dédicataire à celle de l'auteur vient d'une confusion commise par les éditeurs de la première édition dite *Gross-Oktav Ausgabe* (G.A., 1894), qui ont placé comme « épigraphe » des *Dithyrambes*

*pour Dionysos* un fragment datant de quatre ans plus tôt (1884) et qui est pourtant explicitement relatif au *Zarathoustra*, IV : « 4. Z<arathoustra> — *Voici les chants que Zarathoustra se chantait à lui-même afin de supporter son ultime solitude.* »

À notre sens, le « pour Dionysos » permet de suggérer l'ambiguïté qui subsiste malgré tout dans le titre allemand : *Dionysos-Dithyramben*. Ces chants sont, certes, par essence consacrés à Dionysos, mais il n'est pas exclu que le dieu puisse se les chanter à lui-même, du moins si l'on se réfère au dernier. Celui-ci, « *De la pauvreté du plus riche* », passe en effet d'un « moi Zarathoustra » à un « toi Zarathoustra ». Toutefois, il n'est nullement évident que ce chant provienne du dieu lui-même, surtout quand on pense aux plus triviaux d'entre ces chants, tel le deuxième, « *Chez les filles du désert* », où domine un exotisme de pacotille, une atmosphère de maison close africaine pour Européens !

*Le Chant de la Nuit p. 211.*

1. Extrait de *Ainsi parlait Zarathoustra*, II. Nous donnons ici la traduction d'Henri Albert parue au Mercure de France, Paris, 1909. Nietzsche, rappelons-le, dans *Ecce homo* « Ainsi parlait Zarathoustra », § VII, donne le *Chant de la Nuit* comme le type du dithyrambe tel qu'il l'entend et tel qu'il l'a, dit-il, réinventé.

| | |
|---|---:|
| *Nietzsche et la poésie* | 7 |
| Note sur l'édition | 23 |
| Poèmes de jeunesse | 25 |
| Fragments poétiques | 81 |
| Derniers fragments | 167 |
| Dithyrambes pour Dionysos | 209 |

## DOSSIER

| | |
|---|---:|
| *Chronologie* | 237 |
| *Notes* | 242 |

## *Le domaine allemand dans Poésie/Gallimard*

Paul CELAN, *Choix de poèmes* réunis par l'auteur. Préface et traduction nouvelle de Jean-Pierre Lefebvre. Édition bilingue.

Johann Wolfgang von GOETHE, *Le Divan*. Préface de Claude David. Traduction d'Henri Lichtenberger.

Johann Wolfgang von GOETHE, *Élégie de Marienbad* et autres poèmes. Préface, choix et traduction de Jean Tardieu. Édition bilingue illustrée de dessins de l'auteur.

Heinrich HEINE, *Nouveaux poèmes*. Préface de Gerhard Höhn. Traduction d'Anne-Sophie Astrup et Jean Guégan.

Hugo Hofmann von HOFMANNSTHAL, *Lettre de Lord Chandos* et autres textes sur la poésie. Préface de Jean-Claude Schneider. Traduction de Jean-Claude Schneider et Albert Kohn.

Friedrich HÖLDERLIN, *Hypérion ou l'Ermite de Grèce*, précédé du *Fragment Thalia*. Préface et traduction de Philippe Jaccottet.

Friedrich HÖLDERLIN, *Odes, Élégies, Hymnes*. Préface de Jean-François Courtine. Traduction de Michel Deguy, André du Bouchet, François Fédier, Philippe Jaccottet, Gustave Roud et Robert Rovini.

Friedrich NIETZSCHE, *Poèmes. Dithyrambes pour Dionysos*. Préface et traduction nouvelle de Michel Haar.

NOVALIS, *Les Disciples à Saïs, Hymnes à la Nuit, Chants religieux*. Préface et traduction d'Armel Guerne.

Rainer Maria RILKE, *Élégies de Duino, Sonnets à Orphée*. Préface de Gerald Stieg. Traduction de Jean-Pierre Lefebvre et Maurice Regnaut. Édition bilingue.

Rainer Maria RILKE, *Lettres à un jeune poète*. Préface et traduction de Marc B. de Launay. Édition bilingue.

Rainer Maria RILKE, *Vergers* suivi des *Quatrains valaisans*, des *Roses*, des *Fenêtres* et de *Tendres impôts à la France*. Préface de Philippe Jaccottet.

Georg TRAKL, *Crépuscule et déclin* suivi de *Sébastien en rêve* et autres poèmes. Préface de Marc Petit. Traduction de Marc Petit et Jean-Claude Schneider.

*Ce volume,*
*le trois cent onzième*
*de la collection Poésie,*
*a été composé par Interligne et*
*achevé d'imprimer sur les presses*
*de l'imprimerie Bussière à Saint-Amand (Cher),*
*le 29 juillet 2002.*
*Dépôt légal : juillet 2002.*
*1ᵉʳ dépôt légal dans la collection : mai 1997.*
*Numéro d'imprimeur : 24440.*
ISBN 2-07-031843-5./Imprimé en France.